Berichte aus der Betriebswirtschaft

Daniel Pienitzsch
Dennis Bumiller
Andreas Mockenhaupt (Hrsg.)

Aspekte des Innovationsmanagements

Integration von Innovationen in Unternehmen und deren Einsatz
als Werkzeug zur Krisenbewältigung im Mittelstand

D1677071

Shaker Verlag
Aachen 2013

Bibliografische Information der Deutschen Nationalbibliothek
Die Deutsche Nationalbibliothek verzeichnet diese Publikation in der Deutschen
Nationalbibliografie; detaillierte bibliografische Daten sind im Internet über
http://dnb.d-nb.de abrufbar.

Umschlagbild: © Orlando Florin Rosu - Fotolia.com

Printed in Germany.

ISBN 978-3-8440-2077-9
ISSN 0945-0696

Shaker Verlag GmbH • Postfach 101818 • 52018 Aachen
Telefon: 02407 / 95 96 - 0 • Telefax: 02407 / 95 96 - 9
Internet: www.shaker.de • E-Mail: info@shaker.de

Vorwort

Innovation und Management gehören seit jeher zusammen. Neue Entwicklungen sind ohne unternehmerisches Interesse nicht zu verwirklichen. Standorte sollen durch Neuerungen gesichert werden. Ein Innovationsmanagement ist erforderlich.

Dies war schon im Mittelalter so, beispielsweise der Kölner Dom: Gerade waren innovative Baukonzepte erfunden, die Gotik um 1140 in der Île-de-France. In Köln stand zu dieser Zeit aber eine andere Herausforderung an. 1164 hatte Rainald von Dassel die Gebeine der Heiligen Drei Könige als Kriegsbeute von Mailand nach Köln überführt. Dies sollte reiche Pilger nach Köln locken. Die alte Domkirche war hierfür zu klein.

Religiöse Erwägungen standen damals wohl weniger im Mittelpunkt der Überlegungen sondern vielmehr ein unternehmerisches Interesse der Kirche und Standortförderung für die Stadt Köln. Es wurde ein innovativer Bau geplant, seinerzeit das höchste Gebäude der Welt. Das Finanzierungskonzept bestand wesentlich aus dem Ablasshandel, der aber durch die Reformation nachließ und mit geringeren Pilgerzahlen zu finanziellen Problemen führte. Mitte des 15. Jahrhunderts kam es zum Baustopp.

Zum Innovationsmanagement gehört es aber auch, nicht locker zu lassen und auch nach Niederlagen neue Umsetzungskonzepte zu finden. Im Kölner Fall gelang es die Politik innovativ zu vereinnahmen. Mitte des 19. Jahrhunderts stand die Deutsche Frage an, hierbei gelang der Geniestreich, das protestantische Preußen für einen katholischen Kirchenbau zu gewinnen. Innovationsmanagement wurde nicht mehr nur als technische-wirtschaftliche Herausforderung gesehen, sondern bekam eine politische Komponente. Der Kölner Dom, zu diesem Zeitpunkt immer noch das höchste Gebäude der Welt, wurde 1880, auch als Ablenkungsmanöver von der Konstitutionalisierung Deutschlands, von Preußen fertig gestellt.

Das vorliegende Werk beschäftigt sich mit moderneren Herausforderungen des Innovationsmanagements und entstand an der Hochschule Albstadt-Sigmaringen. Zunächst ist der Blick intern ins Unternehmen gerichtet mit der Frage „Wie kann eine Organisation innovativ ausgerichtet werden?". Heutzutage stehen Gruppen und Netzwerke im Vordergrund der kreativen Phase. „The link is more important than the thing" (nach Cova, 1999). Schaut man aber in die Technikgeschichte, so haben auch viele Einzelerfinder, Nicht-Netzwerker, ihren Platz. Es geht also darum, individuelles im gruppendynamischen Prozess zu fördern. Umgekehrt darf das Erfindergenie nicht von der Gruppe behindert werden. Darüber hinaus muss Akzeptanz gefördert und Resistenz vermindert werden, denn viele gute Ideen kommen nicht zur Umsetzung oder bleiben, siehe den Kölner Dom, halbfertig stecken.

Der zweiten Teil beantwortet die Frage: „Wie ist mit Krisen umzugehen?". In einer Zeit, in der die zeitliche Abfolge von Krisen immer kürzer wird, ist es gerade für KMUs existenziell wichtig, durch Innovation Bestand und Wachstum zu sichern. Erfahrungen aus den letzten Krisen zeigen: Nur die Unternehmen, die sich vor und während rückläufigen Wirtschaftsentwicklung, trotz vielleicht schlechter finanzieller Lage, mit innovativen „Spielwiesen" beschäftigen, gehen gestärkt aus der Krise hervor. Dabei liegt die Lösung nicht im „Alten", sondern neue Ansätze sind gefragt. Diese können technischer Natur sein (Innovation), können aber auch in der Findung neuer Märkte, neuer Finanzierungsquellen oder allgemein im Management liegen. So haben es auch die Kölner gemacht, heutzutage sind die Pilger allerdings wieder zurückgekommen, innovativ als Touristen.

Sigmaringen, im Frühjahr 2013   Andreas Mockenhaupt
                                                                  Herausgeber

Inhaltsverzeichnis

I Integration von Innovationen innerhalb von Unternehmen

Daniel Pienitzsch

1 Einleitung

„Sie können in einem Unternehmen nicht erfolgreich sein, wenn Sie versuchen, nur von Ihrem Schreibtisch aus die Richtung vorzugeben. Sie müssen selbstverständlich die Fähigkeiten und die Ideen des ganzen Unternehmens berücksichtigen und die Menschen einbeziehen. "
(Dieter Zetsche (1953), Vorstandsvorsitzender Daimler AG)

In diesem Kapitel wird speziell darauf eingegangen, wie sich Innovationen in vorhandene Arbeitsabläufe innerhalb eines Unternehmens integrieren lassen.
Zu Beginn (Abschnitt 2) macht es jedoch die vielfältige Definition des Innovationsbegriffes nötig, grundlegende Begrifflichkeiten zu erläutern.

Die Methodik der Wissensspirale von Nonaka (2003) dient der Darstellung wie Wissen entsteht und weitergereicht wird, siehe hierzu Abschnitt 3.

Der Einflussfaktor Mensch spielt stets eine erhebliche Rolle bei der Durchführung von Projekten und darf daher nicht außer Acht gelassen werden. Wie mit diesem Faktor umzugehen ist, ist mit einer Betrachtung spezifischer Methoden in Abschnitt 4 erläutert.

Die Bildung von Innovationszielen ist unerlässlich, welche Faktoren hierbei zu beachten sind ist Gegenstand von Abschnitt 5.

Welche Aspekte zur Akzeptanz bzw. Resistenz gegenüber einer Innovation führen, wird in behandelt Abschnitt 6.

Zur Evaluation der Ergebnisse aus der Integration einer Innovation dient eine Befragung der Systemnutzer. Wie diese aufgebaut ist und welche Ergebnisse hieraus zu erwarten sind, ist Bestandteil von Abschnitt 7.

2 Einordnung innerhalb des Innovationsmanagements

Pauschal ist die Einordnung von Innovationen anhand verschiedener Kriterien nicht möglich.[1] Aufgrund der zahlreichen Abgrenzungen und Definitionen im Zusammenhang mit den Begriffen Innovation, Management und Innovationsmanagement, bedarf es der genaueren Betrachtung der Rolle der eigenen Innovation im Unternehmen dahingehend.

2.1 Grundlegende Begrifflichkeiten

Damit Missverständnisse ausgeschlossen werden können, ist es nötig Begriffe im Zusammenhang mit dem Innovationsmanagement genauer zu betrachten und zu definieren.

Management

Management [englisch, zu to manage »handhaben«, »leiten«, von italienisch maneggiare »handhaben«, zu mano, lateinisch »Hand«]
„Unter Management wird die Gesamtheit aller grundlegenden Handlungen verstanden, die sich auf die zielgerichtete Steuerung eines Unternehmens beziehen. Handlungsträger sind in erster Linie die Mitglieder der obersten Führungsebene, die durch die ihnen unterstellten Führungskräfte unterstützt werden". (Helbig & Prof.Dr. Mockenhaupt, 2009)[2].

---

[1] vgl. (Götze, 2011, S. 15)
[2] siehe auch (Vahs, Burmester, 2002, S.47)

Technologie Management

Unter Technologiemanagement ist vorwiegend das Management von technischer und naturwissenschaftlicher Problemstellungen zu verstehen.[3] Es beschränkt sich auf die Gewinnung von neuem Wissen, die angewandte Forschung, sowie auf die Vorentwicklung neuer Technologien.[4] Siehe auch Abbildung 1.

F&E-Management

Das F&E-Management bezieht sich auf naturwissenschaftliche oder technische Prozesse. Sein Aufgabengebiet findet in der Grundlagenforschung, angewandten Forschung, Vorentwicklung und der Entwicklung statt. Siehe auch Abbildung 1.

Innovationsmanagement

Das Innovationsmanagement umfasst die Aufgabengebiete des Technologiemanagement und des F&E-Managements.

Abbildung 1: Abgrenzung Innovationsmanagement
Quelle: nach (Macharzina & Wolf, 2008)

---

[3] vgl. (Granig, 2007, S. 15)
[4] vgl. (Helbig & Prof.Dr. Mockenhaupt, 2009, S. 2f.)

Innovationsprozess

Prozess

„[...] ein strukturverändernder Vorgang, bei dem Werkstoffe, Energien oder Informationen transportiert werden oder umgeformt werden.[...]" (Brockhaus GmbH, 2005-06)

Merkmal des in Abbildung 2 dargestellten Prozesses ist seine Allgemeinheit. In der gängigen Literatur sind lediglich die ersten fünf Phasen als Innovationsprozess definiert. Dadurch wird suggeriert, dass sobald das Produkt auf den Markt gebracht wurde, d.h. der Launch ist erfolgreich abgeschlossen, keinerlei Aktivitäten mehr verfolgt werden. Dies ist jedoch in der Realität nicht der Fall. Hier werden Kennzahlen wie Absatzzahlen oder Kundenzufriedenheit analysiert und entsprechende Korrekturmaßnahen, Modifikationen, etc. durchgeführt. Daher ist hier der Prozessschritt „Modifikation" ergänzend dargestellt. Hier wird das Produkt – wie auch immer – weiterentwickelt. Damit ist er sowohl Ende des ursprünglichen Innovationprozesses und Startpunkt der Folgeinnovation.

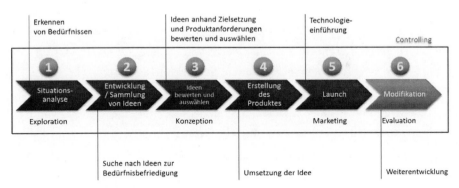

Abbildung 2: Innovationsprozess
Quelle: eigene Abbildung

Am Anfang des Innovationsprozesses steht die Situationsanalyse. Die Phase 1 beschäftigt sich bei Produktinnovationen mit der Betrachtung des Kunden. Ist eine Prozessinnovation geplant, so sind die internen Arbeitsabläufe Gegenstand der Analyse. Ist die Analyse abgeschlossen und Defizite eindeutig kommunizierbar, folgt die Phase 2 mit der Suche nach Ideen zur Bedürfnisbefriedigung. Die gesammelten bzw. entwickelten Ideen sind nun in Phase 3 hinsichtlich der Zielsetzung und der Produktanforderungen zu bewerten. Die erfolgversprechendste Idee wird ausgewählt und in Phase 4 umgesetzt. In Phase 5 erfolgt die Einführung des Produktes bzw. des Prozesses. Die Phase 6 beschäftigt nun mit der Evaluation der vorangegangen Phasen und den Erfolg/Misserfolg der Innovationseinführung und stellt fest ob der Innovationsprozess formell beendet ist. Modifikationen stellen den Beginn der Folgeinnovation dar.

Die gesetzten Zielvorgaben bleiben unverbindlich, wenn sie nicht permanent überprüft werden[5]. Dies macht das durchgehende Controlling über den Innvotation nötig.

2.2 Abgrenzung Innovationsarten

Je leichter die Innovation erläutert und mitgeteilt werden kann, desto leichter ist sie realisierbar. (Hauschildt & Salomo, 2010, S. 44)

Innovation

[...] Innovationen sind qualitativ neuartige Produkte oder Verfahren, die sich gegenüber einem Vergleichszustand „merklich" – wie auch immer das zu bestimmen ist – unterscheiden. (Hauschildt & Salomo, 2010, S. 4)

Zu dieser Definition gilt es zu sagen, dass in der Literatur eine Vielzahl von Definitionen bzw. Auslegungen des Begriffes vorhanden sind. Gemeinsam haben diese jedoch stets den Neuigkeitscharakter, wohingegen die Merkmale an denen dieser festgestellt wird unterschiedlich definiert werden.[6] Wie bereits erwähnt ist eine pauschale Einordnung von Innovationen anhand verschiedener Kriterien nicht möglich.[7] Eine genaue Betrachtung der geplanten Innovation im Unternehmen ist daher unerlässlich. Um eine klare Basis hierfür zu schaffen werden vorerst grundlegende Innovationsmerkmale erläutert.

---

[5] vgl. (Hauschildt & Salomo, 2010, S. 313)
[6] vgl. (Haber, 2008, S. 7)
[7] vgl. (Götze, 2011, S. 15)

Innovationsmerkmale

Es gibt eine Vielzahl von Möglichkeiten Innovationsarten zu definieren. Aus den, im Rahmen dieser Arbeit, recherchierten Literaturquellen heraus, ist folgender, in Abbildung 3 dargestellte, Überblick an Abgrenzungskriterien zusammengefasst.

Abbildung 3: Abgrenzung von Innovationen
Quelle: eigene Abbildung

Market-Pull Innovation

Der Markt hat ein klar erkanntes Bedürfnis wodurch eine Produktentwicklung resultiert. D.h. die Innovation ist vom Markt her getrieben.

Market-Push Innovation

Es besteht ein Technologiepotential. Aus diesem Technologiepotential heraus entsteht eine Produktentwicklung zur Befriedigung latenter Bedürfnisse.

Produktinnovation

Durch ein internes oder externes Forschungs- und Entwicklungsaufwand erzeugtes neuartiges[8] Produkt welches in das Absatzprogramm aufgenommen wird. Dies kann sowohl technisch als auch ästhetisch erfolgen.[9]

Prozessinnovation

Weiterentwicklung eines Dienstleistungs-, Produktions- oder Abwicklungsprozesses zum Zweck der Kostenersparnis und Optimierung, aber auch für die Gewinnung von Zeit- oder Flexibilitätsvorteilen.[10]

Geschäftsmodellinnovation

Die Entwicklung und Weiterentwicklung von strategischen Konzepten zur Vermarktung der eigenen Produkte.[11]

Administrative Innovation

Fokus liegt hierbei auf Regeln, Rollen, Prozeduren und Struktur des Unternehmens und der Unternehmensmitgliedern.[12]

Ökologische Innovation

Ressourcensparende und/der umweltfreundliche Neuerung.[13]

Soziale Innovation

Der Fokus liegt hier auf der Humanisierung der Arbeitswelt. Sie orientiert sich am Wert- und Normensystem einer Gesellschaft.[14]

---

[8] neuartig – siehe „Sichtweise"
[9] vgl. (Klodt), abgerufen am 11.11.2010
[10] vgl. (Voigt, 2008, S. 372)
[11] vgl. (Raisch, Probst, & Gomez, 2010), S.47
[12] vgl. (Damanpour, 1991)
[13] vgl. (Feess), abgerufen am 16.11.201
[14] vgl. (Both, Paul, 1993, S. 23)

Technische Innovation

"A change in the appearance or performance of products or services or of the physical processes through which a product or service passes." (Griffin, 2010, S. 206)

Basisinnovation

Sie durchlaufen alle Phasen des in Abbildung 2 dargestellten Innovationsprozess. Eine Basisinnovation weißt aufgrund ihres höheren Innovationsgrades ein hohes Risiko auf.[15] Sie bietet meist die Grundlage einer kettenreaktionsähnlichen Entwicklung weiterer Innovationen.[16]

Verbesserungsinnovation

Verbesserungsinnovationen, oder auch Folgeinnovationen genannt, durchlaufen meist keine F&E-Tätigkeit mehr und bergen somit weniger Risiko als die Basisinnovationen.[17] Folge von erfolgreichen Basisinnovationen.

Scheininnovation

Sie bietet dem Kunden keinen wirklichen Nutzen, Pseudoverbesserung.[18] Beispielsweise neues Design oder erweiterte Farbpalette des Produktes.

Sichtweise auf die Innovation

Hier ist zu differenzieren für wen es sich um eine Innovation handelt. Diese Betrachtung kann je nach Bedarf fein oder grob geschehen. Hier wird in vier Sichtweisen unterschieden. Eine weltweite Innovation ist für die gesamte Menschheit, ohne Ausnahme, neu. Handelt es sich um eine Innovation für den Markt, so wurde diese Technologie bereits in anderen Bereichen eigesetzt.

---

[15] vgl. (Granig, 2007, S. 136f.)
[16] vgl. (Granig, 2007, S. 13)
[17] vgl. (Granig, 2007, S. 136f.)
[18] vgl. (Vahs & Burmester, 1999)

Graduelle/Prinzipielle Innovation

Eine Graduelle Innovation bewirkt ausschließlich eine geringfügige Verbesserung der Leistungsmerkmale des jeweiligen Produktes oder Prozesses. Sie beschreibt die Weiterentwicklung, wodurch zusätzliches Know-how zur bereits vorhandenen Basis geleistet wird.[19] Durch prinzipielle Innovationen erfolgen fundamentale Leistungssprünge und bestehende Produkte und Prozesse verlieren ihre Wettbewerbsfähigkeit.[20]

Grafisch ist der Zusammenhang von graduellen und prinzipiellen Innovation in Abbildung 4 anhand dem S-Kurven Konzept von *Foster* (1986) dargestellt. Graduelle Innovationen entsprechen einer Aufwärtsbewegung wobei prinzipielle Innovationen durch den Wechsel auf eine neue S-Kurve dargestellt werden.[21]

Graduelle Innovation, bedeuten langfristig für ein Unternehmen stillstand, sie ist allerdings notwendig um in der aktuellen Phase erfolgreich zu blieben.[22] Nur mit Hilfe der prinzipiellen Innovation kann eine Organisation langfristig erfolgreich sein.

---

[19] vgl. (Zollenkop, 2006, S. 109)
[20] vgl. (Zollenkop, 2006, S. 109)
[21] vgl. (Zollenkop, 2006, S. 111)
[22] vgl. (Wagner & Patzak, 2007, S. 333)

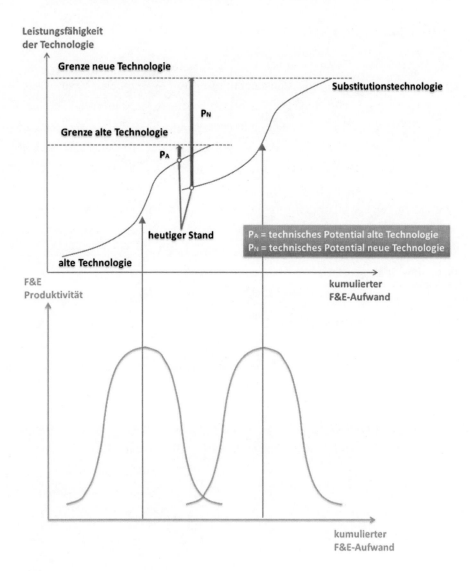

Abbildung 4: S-Kurven Konzept
Quelle: eigene Abbildung, nach (Zollenkop, 2006, S. 111)[23]

---

[23] in Anlehnung an (Krubasik, 1982)
technisches Potential
Das technische Potential ist der Anteil des theoretischen Potentials, welches unter Berücksichtigung der gegebenen technischen Restriktionen nutzbar ist. (Piot, 2006, S. 2), abgerufen am 12.01.2011

3 Wissensmanagement

Neben den klassischen Produktionsfaktoren Rohstoff, Kapital und Arbeit wächst das Wissen eines Unternehmens zu einer maßgebenden Ressource und zu einem entscheidenden Wettbewerbsfaktor. Infolgedessen ist die effiziente Handhabung von Wissen wichtig.[24] Aufgabe des Wissensmanagement ist daher der Erwerb, die Generierung, die Verbreitung, die Sicherung sowie zielgerichteten Nutzung von Wissen.[25] Wichtig ist hierbei die Rolle des Wissensmanagements im Rahmen des Innovationsmanagements. Das heißt, durch die Wandlung von Wissen in Informationen neue Alternativen zu schaffen.[26] Die Wissensspirale von Nonaka und Toyama (2003) dient nachfolgend als Modell zur Wissenswandlung, -verbreitung und -generierung.

3.1 Die Wissensspirale

Zu Beginn dieses Abschnittes soll das sogenannte SECI Modell, oder auch Wissensspirale, für das allgemeine Verständnis erläutert werden.

Zunächst gilt es die Begriffe implizites und explizites Wissen zu trennen. Hierzu sind in Tabelle 1 Charakteristika beider Arten von Wissen aufgezeigt.

---

[24] vgl. (Müller, 2009, S. 1)
[25] vgl. (Frost, 2010), abgerufen am 28.12.2010;
[26] vgl. (Hauschildt & Salomo, 2010, S. 272)

implizites Wissen	explizites Wissen
• Erfahrungswissen (Körper)	• Verstandeswissen (Geist)
• Simultanes Wissen (hier und jetzt)	• Sequentielles Wissen (da und damals)
• Analoges Wissen (Praxis)	• Digitales Wissen (Theorie)
„Wissen, was"	„Wissen, wie"

Tabelle 1: Zwei Arten von Wissen
Quelle: nach (Nonaka & Takeuchi, 1995)

Beispiel für implizites Wissen ist die gesammelte Erfahrung von Mitarbeitern auf ihrem jeweiligen Fachgebiet. Besonders implizites Wissen ist wertvoll für das Unternehmen, da dieses nur schwer imitierbar ist.

Digitale oder gedruckte Literatur wie Lexika, Fachbücher, etc. sind Beispiele für explizites Wissen.

Mit Hilfe des SECI-Modells, siehe Abbildung 5, wird der Zusammenhang zwischen den beiden Wissensarten bei der Umwandlung und Generierung von Wissen beschrieben. Die Namensgebung resultiert aus den vier Formen des Wissenstransfers:[27]

Sozialisation (Socialization)

Der Prozess beginnt mit der Sozialisation. Hier wird implizites Wissen zwischen Individuen weitergegeben, ohne dass hierbei auf Sprache zurückgegriffen wird. Als Beispiel dient das Beobachten einer Handlung, Imitation oder gemeinsame Übung dieser. Im SECI-Modell beginnt der Prozess der Wissensgenerierung stets mit der Sozialisation und somit stets mit individuellem, implizitem Wissen.

---

[27] vgl. (Bresser, Krell, & Schreyögg, 2003, S. 7f.)

Externalisierung (Externalization)

Nachfolgender Schritt im SECI-Modell ist die Externalisierung. Hier erfolgt die Umwandlung von implizitem in explizites Wissen. Erste Schritte der Umwandlung sollen durch den Gebrauch von Metaphern geschehen. Metaphern fordern auf intuitivem Wege dazu auf, in verschiedenen Dingen gleiches zu erkennen. Hierdurch erlauben sie Zusammenhänge auszudrücken, welche auf logisch-analytischem Wege (noch) nicht darstellbar sind. Im zweiten Schritt erfolgen das Herausarbeiten von Gemeinsamkeiten und das Bilden von Analogien zum bereits vorhandenen explizitem Wissen. Ist die Externalisierung abgeschlossen, ist das zuvor implizite Wissen in explizites Wissen übertragen worden.

Kombination (Combination)

Das nun vorhanden explizite Wissen soll in der Phase der Kombination mit anderem individuellen expliziten Wissen verknüpft werden. Hierdurch wird die Anwendungsbreite bereits vorhandenem Wissen ausgedehnt. Beispielsweise wenn neue Technologien auf neue Anwendungsgebiete erfolgreich übertragen werden.

Internalisierung (Internalization)

Der vierte und letzte Prozessschritt der SECI-Methode bildet die Internalisierung. Wird das dokumentierte oder geschriebene Wissen mehr und mehr in die täglichen Handlungen übertragen, so findet die Übertragung von explizitem zu implizitem Wissen statt. Am Ende des Prozesses der Wissensgenerierung steht nun erneut implizites Wissen, allerdings - so die Vermutung von Nonaka - von höherer Qualität.[28]

Der zunächst bei einem Individuum beginnende Prozess der Wissensgenerierung wird mit zunehmenden Fortschritt schließlich auf eine ganze Gruppe, Organisation oder sogar Organisationskollektive weitergegeben. Zu Beginn steht, wie bereits erwähnt, stets das implizite Wissen eines Individuums, Ende des Prozesses ist die kollektive Internalisierung. Durch fortlaufende Zunahme der involvierten Individuen im SECI-Modell, erhöht sich die Geschwindigkeit des Prozesses. Die Weitergabe von Wissen ist hierbei Aufgabe des Managements,

---

[28] siehe auch (Nonaka & Takeuchi, 1991, S. 99)

die das erzeugte Wissen auf die Übereinstimmung mit den Normen der Organisation prüfen.[29]

Grafisch ist das SECI-Modell in Abbildung 5 dargestellt.

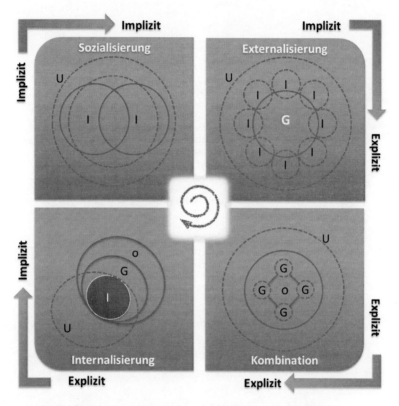

Abbildung 5: SECI-Modell
Quelle: nach (Nonaka & Toyama, 2003)

---

[29] vgl. (Bresser, Krell, & Schreyögg, 2003, S. 9)

3.2 Wissensspirale Beispiel

Ein mittelständiges Unternehmen plant die Einführung eines ERP-Systems für noch unbestimmte Abteilungen. Dies ist exemplarisch nachfolgend dargestellt.

1. **Sozialisierung**
   - o   Idee der Technologieeinführung
   - o   Gemeinsame Konzeptdiskussion

2. **Externalisierung**
   - o   Definition der Einsatzbereiche
   - o   Bildung eines Projektteams mit Vertretern aus den Bereichen IT und Zielabteilungen
   - o   Gemeinsame Diskussion der vorhandenen Informationen vorgelagerter Projekte (Erfahrungswerte anderer Unternehmen)

3. **Kombination**
   - o   Definition und Dokumentation des Projektumfanges
   - o   Festlegung von Pilotprozessen

4. **Internalisierung**
   - o   Durchführung von Evaluierungsuntersuchungen durch Projektteam und spezifischen Fachabteilungen

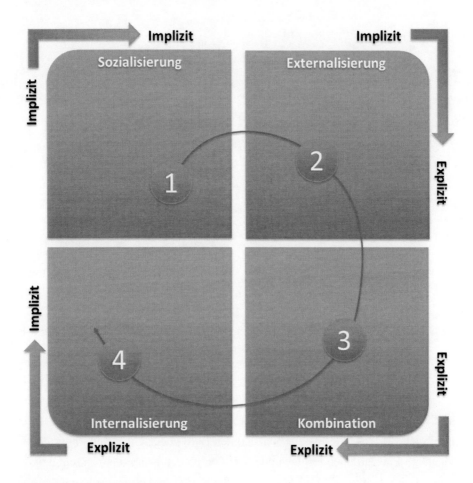

Abbildung 6: Wissensspirale VAN
Quelle: eigene Abbildung

Noch beschränkt sich der Wissenstransfer auf einen kleinen Personenkreis innerhalb der definierten Pilotbereiche sowie des Projektteams. Das Wissen breitet sich jedoch im Fortlauf der Wissensspirale stetig auf weiter Bereiche, das Unternehmen und Niederlassungen aus. Das nachfolgend in Abbildung 7 dargestellte ontologische Modell, zeigt schematisch wie sich das Wissen der ursprünglich bei einem Individuum vorhandene Wissen, über die Schritte 1-4 hinaus auf das gesamte Unternehmen ausbreiten kann.

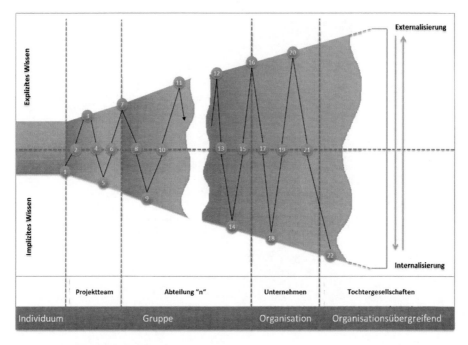

Abbildung 7: ontologisches Modell schematisch
Quelle: nach (Nonaka & Takeuchi, 1995)

Ein Faktor bei der Überzeugung von Anwendern sowie des Managements ist der klare Nachweis des Nutzens, die sogenannten Hard Facts. Dies kann in Form von monetären Einsparungen erfolgen oder auch durch den Nachweis von rein praktischen Gesichtspunkten. Hierbei dürfen jedoch nicht die Soft Facts außer Acht gelassen werden. Diese spielen ebenfalls eine große Rolle und werden daher nachfolgend betrachtet.

4 Einflussfaktor Mensch

„In Projekten agieren Menschen, die sich nicht immer an die vorgeschriebenen Spielregeln halten. Das Verhalten der beteiligten Mitarbeiter als denkende und fühlende Individuen ist nur bedingt kalkulierbar bzw. kontrollierbar. Dies gilt für fast alle Prozesse in Organisationen, weil Unternehmen soziale Systeme darstellen.“ (Verband der Automobilindustrie e.V., 2003, S. 22)

Wie wichtig der Faktor Mensch bei der Durchführung von Projekten ist und welche Methoden und Werkzeuge vorhanden sind, diesen zu berücksichtigen, ist Gegenstand dieses Abschnittes.

Der Einfluss, auf den Erfolg/Misserfolg eines Projektes, des Individuums und der Gruppe wird in den Abschnitten 4.2 und 4.3 näher Betrachtet.

4.1 Soft Facts

Soft Facts, oder auch oft weiche Faktoren genannt, sind beispielsweise Motive, Interessen und Neigungen, Gefühle und Beziehungen der Beteiligten Individuen und die Art und Weise wie diese zusammenarbeiten.[30]

4.2 Soft Facts – Einfluss des Individuums

Weshalb ein Projekt scheitert ist zunächst am Individuum festzustellen. Dessen Verhalten ist von zwei Faktoren abhängig:[31]

- **allgemeine Motivation/Antriebskraft** – aktiviert das Verhalten
- **Wahrnehmung und Denkprozesse** – steuert und kontrolliert das Verhalten

---

[30] vgl. (Doppler, Fuhrmann, Lebbe-Waschke, & Voigt, 2002, S. 148)
[31] vgl. (Verband der Automobilindustrie e.V., 2003, S. 25)

Die Motivation kann hierbei sowohl extrinsisch, also durch jegliche Art von Belohnung, oder auch intrinsisch, d.h. um seiner selbst willen, charakterisiert sein. Welche Art von Motivation vorliegt bzw. angebracht ist, muss für jeden Beteiligten im Bedarfsfall separat betrachtet werden. Denkprozesse weißen erhebliche individuelle Unterschiede auf. Da Projekte in der Regel komplex sind, erfordern sie von den Beteiligten die Fähigkeit systematisch zu denken. Dies ist jedoch häufig nicht der Fall.[32]

Unter systematischem Denken, oder auch ganzheitlichem Denken, wird die Fähigkeit verstanden alle Akteure und Handlungen im Rahmen eines komplexen Systems zu sehen, welches aus verschiedenen, miteinander verknüpften, in Wechselwirkung zu einander stehenden Variablen besteht. Im Hinblick auf die berufliche Welt bedeutet es alle langfristige Konsequenzen und Auswirkungen auf beteiligte Personen zu berücksichtigen.[33]

4.3 Soft Facts – Einfluss der Gruppe

An Innovationsvorhaben, Projekten, ist meist nicht nur eine einzige Person beteiligt. Die Regel ist, dass Mitarbeiter Mitglieder eines Projektteams sind. Hierbei ergibt sich eine Gruppendynamik die ebenfalls für den Erfolg eines Projektes entscheidend ist. Zur Erklärung dienen unter anderem nachfolgende Modelle:[34]

> **Diffusion of Responsibility**
> Die Teammitglieder neigen dazu Verantwortung jeweils anderen zuzuschieben. Resultat ist, dass sich keiner für das Agieren der Gruppe verantwortlich fühlt.

> **Not-invented-here-Syndrom**
> Technologien und Strategien die nicht selbst entwickelt wurden, werden abgelehnt.

---

[32] vgl. (Verband der Automobilindustrie e.V., 2003, S. 26)
[33] vgl. (Moritz & Rimbach, 2006)
[34] vgl. (Verband der Automobilindustrie e.V., 2003, S. 29f.)

➤ **Risky-Ship-Phänomen**

Individuelle Risiken und Bedenken werden im Laufe eines gruppendynamischen Prozesses beiseitegeschoben.

➤ **Sunk-Cost-Effect**

Je mehr Kosten im Zusammenhang mit einer Entscheidung angefallen sind, desto mehr wird an dieser festgehalten.[35]

---

[35] vgl. (Zayer, 2007, S. 136) oder (Mockenhaupt, 2010)

5 Zielbildung

Anhand von definierten Zielen richtet sich die Planung zur Erreichung dieser aus. Ebenso lassen sich der Erfolg- bzw. der Misserfolg an ihnen Messen. Was bei der Bildung von Innovationszielen zu beachten ist, sowie welche Methoden zu Zielsteuerung dienen, ist nachfolgend dargestellt.

5.1 Präzision der Zielbildung

Zielklarheit gilt als Voraussetzung für erfolgreiches Projektmanagement. Ziele müssen spezifisch, messbar, erreichbar, machbar und zeitgebunden sein.[36] Die Eingrenzung von Innovationen in fest fixierte Ziele lässt jedoch befürchten, dass solch eine strikte Zielvorgabe Innovationen behindert oder sogar verhindert.[37]

„Zielrigidität führt zwangsläufig zu Zieländerungen" (Hauschildt & Salomo, 2010, S. 240)

Verändert sich das Ziel, muss die Planung zur Erreichung dessen ebenfalls angepasst werden. Dies hat negative Auswirkungen auf die Effektivität und Effizienz, insbesondere bei Innovationsprojekten.[38]

„Offenkundig müssen die Ziele selbst Elemente der Flexibilität enthalten". (Hauschildt & Salomo, 2010, S. 241)

Kann eine wirtschaftliche Betrachtung allgemein nicht erfolgen, werden Nutzenformulierungen bei der Zielbildung herangezogen. Sie sind motivierend und progressiv und geben den Impuls tätig zu werden. Nachfolgende Begriffe dienen hierfür als Beispiel:[39]

rational, vorteilhaft, effizient, produktiv, zweckdienlich

---

[36] SMART – Specific, Measurable, Achievable, Realistic, Time-bound
[37] vgl. (Hauschildt & Salomo, 2010, S. 230; 239)
[38] vgl. (Hauschildt & Salomo, 2010, S. 240)
[39] vgl. (Hauschildt & Salomo, 2010, S. 241)

5.2 Zieldimensionen Beispiel

Folgende Zieldimensionen dienen als Beispiel:

➢ **Zielobjekt**

Entscheidungsfeld, für das ein Ziel zu bestimmen ist.

- ERP-System

➢ **Zieleigenschaften**

Kriterien zur Bewertung der Innovation.

- Akzeptanz von Mitarbeiter und Führungsebene
- Unterstützung des Entwicklungsprozesses

➢ **Zeitlicher Bezug**

Definiert den zeitlichen Rahmen innerhalb dessen das Ziel bzw. die Ziele zu erreichen sind.

- kurzfristig – innerhalb von 2-3 Monaten
- mittelfristig – innerhalb von 1 Jahr
- langfristig – innerhalb von 2-3 Jahren

➢ **Örtlicher Bezug**

Hier ist einzugrenzen wo das Ziel zu erfüllen ist.

- Abteilung A
- Abteilung B

5.3 Methoden zur Zielsteuerung

Um trotz der Unvorhersehbarkeit des menschlichen Handelns das Projektziel zu erreichen, stellt der VDA im Band 11 mit der nachfolgend dargestellten Abbildung 8 einen Überblick mit Methoden und Vorgehensweisen zur Verfügung.

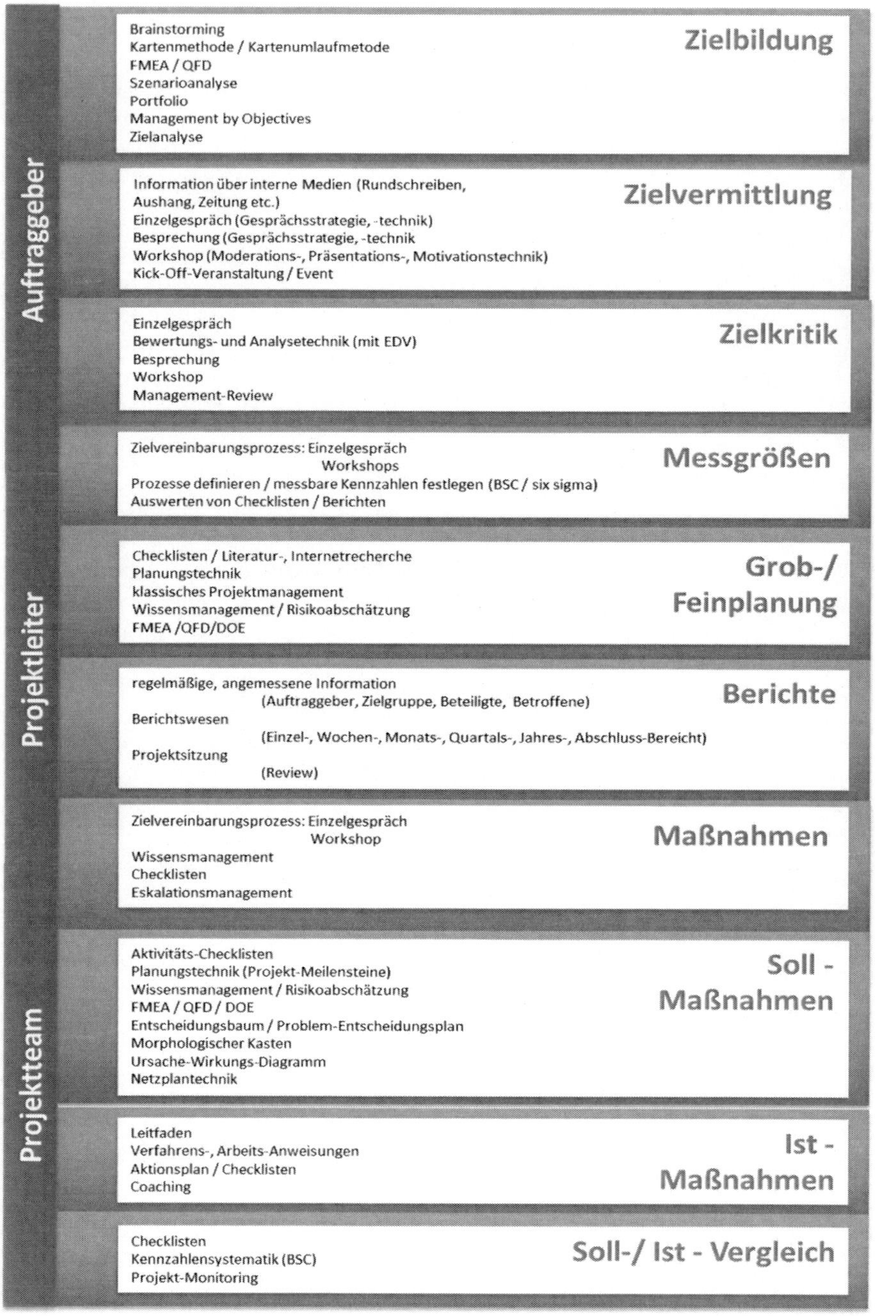
Auftraggeber
Projektleiter
Projektteam
Brainstorming
Kartenmethode / Kartenumlaufmetode
FMEA / QFD
Szenarioanalyse
Portfolio
Management by Objectives
Zielanalyse
Zielbildung
Information über interne Medien (Rundschreiben, Aushang, Zeitung etc.)
Einzelgespräch (Gesprächsstrategie, -technik)
Besprechung (Gesprächsstrategie, -technik
Workshop (Moderations-, Präsentations-, Motivationstechnik)
Kick-Off-Veranstaltung / Event
Zielvermittlung
Einzelgespräch
Bewertungs- und Analysetechnik (mit EDV)
Besprechung
Workshop
Management-Review
Zielkritik
Zielvereinbarungsprozess: Einzelgespräch
Workshops
Prozesse definieren / messbare Kennzahlen festlegen (BSC / six sigma)
Auswerten von Checklisten / Berichten
Messgrößen
Checklisten / Literatur-, Internetrecherche
Planungstechnik
klassisches Projektmanagement
Wissensmanagement / Risikoabschätzung
FMEA /QFD/DOE
Grob-/ Feinplanung
regelmäßige, angemessene Information
(Auftraggeber, Zielgruppe, Beteiligte, Betroffene)
Berichtswesen
(Einzel-, Wochen-, Monats-, Quartals-, Jahres-, Abschluss-Bereicht)
Projektsitzung
(Review)
Berichte
Zielvereinbarungsprozess: Einzelgespräch
Workshop
Wissensmanagement
Checklisten
Eskalationsmanagement
Maßnahmen
Aktivitäts-Checklisten
Planungstechnik (Projekt-Meilensteine)
Wissensmanagement / Risikoabschätzung
FMEA / QFD / DOE
Entscheidungsbaum / Problem-Entscheidungsplan
Morphologischer Kasten
Ursache-Wirkungs-Diagramm
Netzplantechnik
Soll - Maßnahmen
Leitfaden
Verfahrens-, Arbeits-Anweisungen
Aktionsplan / Checklisten
Coaching
Ist - Maßnahmen
Checklisten
Kennzahlensystematik (BSC)
Projekt-Monitoring
Soll-/ Ist - Vergleich

Abbildung 8: Methoden und Tools zur Zielsteuerung
Quelle: (Verband der Automobilindustrie e.V., 2003)

6 Akzeptanz gegenüber Innovationen

Das Scheitern oder Gelingen einer Innovation ist nicht alleine abhängig von deren Neuheitsgrad oder Technologievorsprung, sondern elementar von der Akzeptanz durch den Anwender.

Zunächst soll, im Abschnitt 6.1, die Bedeutung des Begriffes Akzeptanz näher betrachtet werden. Anschließend wird, in Abschnitt 6.2, der Begriff der Resistenz erläutert sowie Gründe für die Resistenz gegenüber Innovationen dargestellt. Eine Unterteilung von Resistenz bzw. Akzeptanz findet unter Abschnitt 6.3 statt. Daraufhin erfolgt die Modifikation des Kano-Model im Abschnitt 6.4.

6.1 Akzeptanz

[...] die Bereitschaft eines Anwenders, in einer konkreten Anwendungssituation das vom Techniksystem angebotene Nutzungspotential aufgabenbezogen abzurufen. (Reichwald (1978, S.31))[40]

Die Akzeptanzkonzepte lassen sich in zwei Kategorien unterschieden:

- eindimensionale Konzepte

- mehrdimensionale Konzepte

Unter Akzeptanz wird bei eindimensionalen Konzepten entweder die positive Einstellung oder Verhaltensabsicht verstanden. Bei mehrdimensionalen Konzepten wird Akzeptanz als Kombination aus Einstellung und Verhaltensabsicht verstanden, oder sie berücksichtigen noch zusätzlich das tatsächliche Verhalten.[41]

---

[40] zitiert aus (Haber, 2008, S. 49)
[41] vgl. (Haber, 2008, S. 48)

6.2 Resistenz

[…], die Innovation zu verhindern, zu verzögern oder zu verändern. (Hauschildt (1999), S.4)[42]

Auch hier findet eine Unterscheidung des Resistenzbegriffs statt. Es gilt zu unterscheiden zwischen passiver und aktiver Resistenz. Passive Resistenz bleibt beim Individuum und wird nicht gelebt. Dahingegen resultiert bei der aktiven Resistenz ein aktives Handeln. Beispiel hierfür ist, dass sich das Individuum negativ gegenüber der Innovation äußert, oder, im Extremfall die Innovation sabotiert.

6.3 Ebenen von Akzeptanz/Resistenz gegenüber Innovationen

Haber (2008, S. 58) schreibt in seiner Arbeit, dass *"[…]Resistenz gegenüber Innovationen aus einer Einstellungsebene, einer intentionalen Ebene sowie einer Verhaltensebene besteht"*. Dasselbe gilt für Akzeptanz.[43] Dies ist in Abbildung 9 grafisch dargestellt.

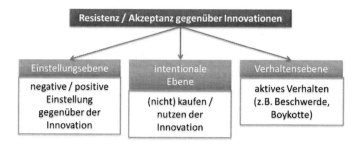

Abbildung 9: Ebenen der Resistenz/Akzeptanz gegenüber Innovationen
Quelle: nach (Haber, 2008, S. 58)

---

[42] zitiert aus (Haber, 2008, S. 18)
[43] vgl. (Haber, 2008, S. 54)

6.4 Modifikation des Kano-Modells

Durch die Modifikation des Kano – Modells lässt sich das von *Haber* (2008, S. 92) erstellte Konzept des Drei-Faktoren-Modells der Resistenz bzw. Akzeptanz gegenüber Innovationen auf Einstellungsebene darstellen. Siehe hierzu Abbildung 10.

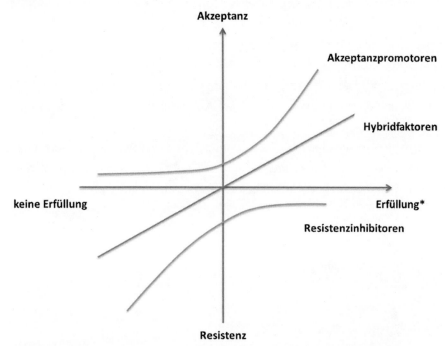

* **Lesehinweis: Erfüllung=hohe Wahrnehmung einer Determinante mit positivem Einfluss auf die Akzeptanz (z.B. hoher Nutzen ≙ Erfüllung) und vice versa (z.B. niedriges Risiko ≙ Erfüllung)**

Abbildung 10: Drei Faktoren Modell
Quelle: nach (Haber, 2008)

In Analogie zum Kano-Modell entsprechen Resistenzinhibitoren Determinanten, welche maximal zur Vermeidung von Resistenz gegenüber der Innovation auf Einstellungsebene führen. Resistenzinhibitoren also "Resistenzhemmer" führen bei deren Erfüllung dazu, dass die Resistenz gegenüber der Innovation sinkt, jedoch niemals neutral wird oder in Akzeptanz übergeht. Bei Nichterfüllung dieser

Faktoren steigt die Resistenz dagegen überproportional. Sie definieren somit die Mindestanforderungen an eine Innovation. Die Erfüllung ist eine nötige aber nicht hinreichende Bedingung für die Entstehung von Akzeptanz.[44]

Hybridfaktoren sind von Seiten der Anwender explizit verlangt. Sie spiegeln die bewusst wahrgenommenen Ansprüche an den Umfang der Innovation. Abhängig von der Wahrnehmung des Anwenders führen sie zu Resistenz oder Akzeptanz gegenüber der Innovation. Die positive Ausprägung führt zur Akzeptanz, wobei eine negative Ausprägung zur Resistenz führt.[45]

Als Anlehnung an die Begeisterungsfaktoren des Kano-Modells dienen die Akzeptanzpromotoren oder auch Akzeptanzförderer. Sind diese vorhanden tragen sie überproportional zur Akzeptanz der Innovation bei. Da diese vom Anwender nicht explizit erwartet werden, führt deren Abwesenheit nie zur Resistenz gegenüber der Innovation.[46]

Auf Grund von Gewöhnungseffekten von Seiten des Anwenders ist jedoch anzumerken, dass über den Zeitverlauf eine Wandlung von Akzeptanzpromotoren zu Hybridfaktoren und der Hybridfaktoren zu Basisfaktoren zu erwarten ist.[47]

---

[44] vgl. (Haber, 2008, S. 92)
[45] vgl. (Haber, 2008, S. 92f.)
[46] vgl. (Haber, 2008, S. 93)
[47] vgl. (Haber, 2008, S. 87f.)

7 Evaluation durch Nutzerbefragung

Wurden die Softfacts bei der Integration der Innovation ausreichend berücksichtigt?

Ist die Akzeptanz bei den Anwendern und Nutzer vorhanden?

War die Integration der Innovation erfolgreich und zielführend?

Um diese Fragen zu beantworten und die Qualität der Prozessintegration zu überprüfen, dient die Befragung der Nutzer beispielsweise, wie hier dargestellt, mittels Fragebogen.

In den nachfolgenden Abschnitten wird die Wahl der Methode begründet, die daran gestellten Anforderungen dargelegt und dessen Gestaltung erläutert.

7.1 Anforderungen an die Evaluierungsmethode

Bevor eine Auswahl über die verschiedenen Methoden getroffen wird, müssen die Anforderungen an diese definiert werden. Dies kann beispielsweise zusammen mit erfahrenen Mitarbeitern erfolgen.

Es gilt ein spezifisches Evaluierungsinstrument auszuwählen. Beispielsweise eines, welches durch den Anwender bzw. Nutzer schnell bearbeitet werden kann, einen geringen Organisationsaufwand in der durchführenden Abteilung verursacht, einen geringen Aufwand während der Durchführung bedingt, eine hohe Aussagekraft besitzt, möglichst von jedem Anwender bzw. Nutzer bearbeitet werden kann.

Gründe für die oben genannten Kriterien können sein, dass die Anwender bzw. Nutzer meist nur ein geringes Zeitkontingent zur Verfügung haben, da die Evaluierung während der Arbeitszeit stattfinden muss. Dies begründet ebenso den geringen Organisations- und Durchführungsaufwand. Damit dem Management nicht nur Hard- sondern auch der Erfolg von Soft Facts aufgezeigt werden kann, muss die Verlässlichkeit gegeben sein. Damit die Untersuchungsergebnisse verifiziert werden können muss sowohl qualitativer als auch quantitativer Rücklauf vorhanden sein. Nach Möglichkeit soll das Instrument ebenfalls in folgenden Projekten genutzt werden, daher muss die Übertragbarkeit gegeben sein.

Oben genannte Anforderungen dienen als Beispiel. Die Anforderungen sind jedoch spezifisch für die Innovation festzulegen.

7.2 Methodenwahl

Es besteht eine Vielzahl von Evaluierungsinstrumenten, jedoch sind nicht alle gleichermaßen geeignet und müssen in Hinblick auf die oben genannten Kriterien bewertet werden. Folgende Instrumente stehen, nach einer groben Vorauswahl, zur Entscheidung:

Beobachtung

„...ein Verfahren, das auf die zielorientierte Erfassung sinnlich wahrnehmbarer Tatbestände gerichtet ist, wobei der Beobachter sich passiv gegenüber dem Beobachtungsgegenstand verhält und gleichzeitig versucht, seine Beobachtung zu systematisieren und der einzelnen Beobachtungsakte zu kontrollieren" (Grümer 1974, S26)[48]

Fragebogen

„Ein Fragebogen ist ein Instrument der primärstatistischen Datenerhebung. Mit Hilfe eines einheitlich gestalteten (standardisierten) Fragebogens werden über eine sachliche, örtlich und zeitlich gleichartig abgegrenzte statistische Grundgesamtheit bzw. über eine Teilgesamtheit (Stichprobe) von Merkmalsträgern interessierende Eigenschafen via mündliche, schriftliche, telefonische oder multimediale Befragung erhoben und statistisch ausgewertet." (Eckstein, 2010, S. 37)

Gruppendiskussion

Unter einer Gruppendiskussion ist die *„gleichzeitige Befragung von mehreren (meist 6-12) Auskunftspersonen, denen Interaktion untereinander zumindest gestattet sind."* (Kuß, 2007, S. 124)[49]

---

[48] vgl. (Langer, 2000, S. 1)
[49] vgl. auch (Kepper 2000, S.172f.; Salcher 1995, S.44; Sudman/Blair 1998, S185f.)

Die Gruppendiskussion konzentriert sich in der Regel auf ein fest vorgegebenes Thema und wird von einem geschulten Mitarbeiter gelenkt und geleitet.[50]

Fallstudie

„Bei der Analyse eines Falles zeichnet der Forscher alle relevanten Daten auf, nicht nur die, die seine anfänglichen Hypothesen stützen. Bei explorativer Forschung besteht das Ziel darin, Einsichten zu gewinnen, nicht Erklärungsmöglichkeiten zu testen. Dadurch, dass er neutral bleibt, ist es für den Forscher leichter, flexibel im Hinblick auf neu auftauchende Informationen zu bleiben. Der Forscher muss auch in der Lage sein, bei der Beschäftigung mit vielen Einzelheiten das „große Bild" zu erkennen, Einsichten, die für mehrere Fälle relevant sind und nicht nur bei einem bestimmten Fall zutreffen." (Churchill & Iacobucci, 2005, S. 80)[51]

Interview

Einzelinterviews sind nur teilweise standardisierbar. Bei einem Interview handelt es sich um ein langes und intensives Gespräch zwischen einem geschulten Interviewer und dem Befragten. Die Themen des Gespräches sind vorgegeben, welche der Interviewer selbst so zu steuern versucht um die relevanten Einstellung und Meinungen der befragten Person zu erfahren. Diese können der befragten Person bis zu diesem Zeitpunkt selbst nicht klar bewusst sein. Dadurch dienen Interviews auch dazu der Auskunftsperson Motive, Verhaltensweisen etc. bewusst werden zu lassen.[52]

Ergebnis der Recherche

Zeigt sich, dass keine der Methoden alle Kriterien erfüllen kann, erfolgt eine qualitative Bewertung der Kriterien. Werden die Methoden dahingehend betrachtet, so zeigt sich eine Tendenz in Richtung Fragebogen. Problematisch hierbei sind lediglich der Rücklauf und der Auswertungsaufwand. Letzterer kann jedoch durch Nutzung von spezieller PC-Software minimiert werden.

---

[50] vgl. (Kuß, 2007, S. 124)
[51] zitiert aus (Kuß, 2007, S. 130)
[52] vgl. (Kuß, 2007, S. 127)

Damit eine klare Aussage getroffen werden kann, müssen möglichst viele Nutzer an der Befragung teilnehmen. Die Befragung der Mitarbeiter ist hierbei in regelmäßigen Abständen durchzuführen.

7.3 Gestaltung des Fragebogens

Als Basis zur Fragebogengestaltung dient die Arbeit von *Haber* (2008, S. 58f.) in der dieser, ein Modell zur Messung von Resistenz gegenüber Innovationen entwickelt und empirisch überprüft hat. Das bereits aufgezeigte, Drei-Faktoren-Modell in Abbildung 10 dient, neben der Durchführung eines Tiefeninterviews, hier unter anderem als Grundlage der Untersuchungskriterien.

Für die vorliegende Arbeit dient eine, ebenso wie bei *Haber* (2008, S. 153) gewählte, sieben-stufige Likert-Skala. Siehe Abbildung 11.

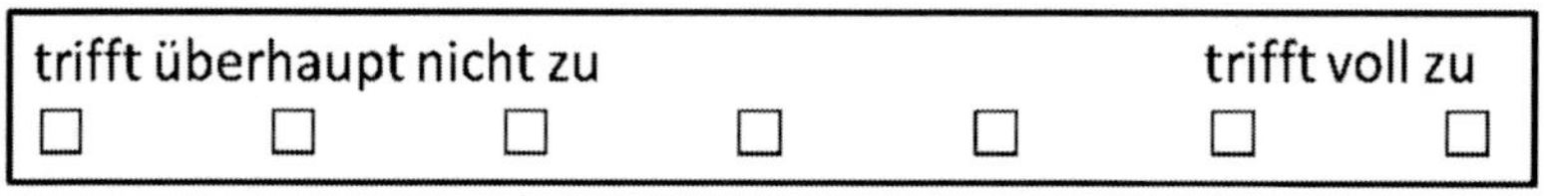

trifft überhaupt nicht zu					trifft voll zu	
☐	☐	☐	☐	☐	☐	☐

Abbildung 11: Likert Skala
Quelle: eigene Abbildung

Die folgenden Konstrukte (Tabelle 2) dienen zur Operationalisierung und werden nachfolgend erläutert. Zusätzlich werden diese, soweit im Voraus der Befragung möglich, im Hinblick auf das 3-Faktoren-Modell und der in Abschnitt 6.3 dargestellten Ebenen der Akzeptanz bzw. Resistenz gegenüber Innovationen betrachtet.

Konstrukt	Item
Akzeptanz auf Einstellungsebene	ATE
Intentionale Ebene	INT
Aktive Resistenz	AKR
Inkompatibilität mit Prozessen & Richtlinien	IPR
Wahrgenommenes Risiko	WGR
Nutzen	NUZ
Status Quo Zufriedenheit	QUO

Tabelle 2: Übersicht Konstrukte

Akzeptanz auf Einstellungsebene

Zur Operationalisierung der Resistenz bzw. Akzeptanz gegenüber der Innovation auf Einstellungsebene sind vier, in Tabelle 3 abgebildete, Items formuliert.

Item	Die *Innovation* finde ich…		
ATE$_1$	negativ	⟵——⟶	positiv
ATE$_2$	unnötig	⟵——⟶	nötig
ATE$_3$	nutzlos	⟵——⟶	nützlich
ATE$_4$	sinnlos	⟵——⟶	sinnvoll

Tabelle 3: Items – Einstellungsebene
Quelle: vgl. (Haber, 2008, S. 59)

Intentionale Ebene

Für die Operationalisierung der Resistenz bzw. Akzeptanz gegenüber einer Innovation auf intentionaler Ebene dienen die folgenden, in Tabelle 4 dargestellten, Items.
Die positive Seite bildet dabei die Akzeptanz, die negative Seite, die Resistenz gegenüber der Innovation.

Item	Dass ich die *Innovation* zukünftig nutze ist…		
INT_1	unwahrscheinlich	⟵⟶	höchstwahrscheinlich
INT_2	nicht vorgesehen	⟵⟶	vorgesehen
INT_3	ausgeschlossen	⟵⟶	sicher
INT_4	undenkbar	⟵⟶	denkbar

Tabelle 4: Items – Intentionale Ebene
Quelle: vgl. (Haber, 2008, S. 59)

Aktive Resistenz

Die dritte Ebene der Akzeptanz bzw. Resistenz gegenüber Innovationen ist die Verhaltensebene. Da eine Messung des tatsächlichen Verhaltens generell nur schwer durchführbar ist, dient zur Operationalisierung hier die Abfrage von Intentionen zur aktiven Resistenz.[53] Teilweise dienen hierfür die bereits in der Arbeit von *Haber* (2008, S. 60) verwendeten Items. Diese sind die Negativ Word-of-Mouth-Absicht, oder auch Mund-zu-Mund-Propaganda, und die Beschwerdeabsicht. Die gewählten Items zu Befragung sind in Tabelle 5 und Tabelle 6 dargestellt.

Item	Auf Basis der Erfahrungen die ich gerade gemacht habe, ist es wahrscheinlich…		
	trifft überhaupt nicht zu	⟵⟶	trifft voll zu
AKR_{WOM1}	…, dass ich mich gegenüber anderer Menschen positiv über der *Innovation* äußere.		
AKR_{WOM2}	…, dass ich andere vor Mixed Reality warne		
AKR_{WOM3}	…, dass ich gegenüber anderer Personen positiv von meinen Erfahrungen mit der *Innovation* berichte.		

Tabelle 5: Items – Aktive Resistenz – Negative Word-of-Mouth Absicht
Quelle: vgl. (Haber, 2008, S. 60)

---

[53] (Haber, 2008, S. 60)

Item	Auf Basis der Erfahrungen die ich gerade gemacht habe, ist es wahrscheinlich…
	trifft überhaupt nicht zu ⟷ trifft voll zu
AKR$_{BES1}$	…, dass ich mich bei meinem Vorgesetzten über die *Innovation* beschwere.
AKR$_{BES2}$	…, dass ich meinem Vorgesetzten meine Bedenken über die *Innovation* mitteile
AKR$_{BES3}$	…, dass ich meinem Vorgesetzten meine Verärgerung über die *Innovation* mitteile

Tabelle 6: Items – Aktive Resistenz – Beschwerdeabsicht
Quelle: vgl. (Haber, 2008, S. 60)

Inkompatibilität mit Prozesse & Richtlinien

Auf Grundlage der psychologischen Gleichgewichtstheorien[54] wurde dieses Konstrukt mit in die Befragung integriert. Laut diesen Theorien strebt ein Individuum nach psychologischem Gleichgewicht. Kommt es aufgrund einer Innovation zur Störung dieses Gleichgewichts hat das Individuum zwei Möglichkeiten: entweder kann das Individuum seine persönliche Einstellung anpassen und damit die Innovation akzeptieren oder, ist dies nicht der Fall, es resultiert Widerstand gegen die Innovation.[55]

In den Gleichgewichtstheorien ist jedoch die Rede von der Inkompatibilität mit bestehenden Werten und Normen. Dies wurde hingehend dem Gegenstand der vorliegenden Arbeit angepasst. Hier spielt die Kompatibilität der integrierten Innovation in den Arbeitsprozess mit den persönlichen Prozessen und internen Richtlinien die ausschlaggebende Rolle.

In der Arbeit von *Haber* (2008, S. 117f.) konnte dieses Konstrukt als Resistenzinhibitor empirisch identifiziert werden. Dabei gilt:

Erfüllung ≙ niedriges Risiko

---

[54] Balancetheorie vgl. (Heider, 1958); Kongruenztheorie vgl. (Osgood & Tannenbaum, 1955);
[55] (Ram, 1989); (Haber, 2008, S. 40)

Für die Anwenderbefragung sind für dieses Konstrukt folgende Items gebildet worden.

Item	trifft überhaupt nicht zu ◄──────────► trifft voll zu
IPR₁	Der Einsatz der *Innovation* ist ohne Weiteres in den *Arbeitsprozess* integrierbar
IPR₂	Die *Innovation* lässt sich in meinen Alltag integrieren
IPR₃	Ich finde die *Innovation* ergänzt optimal die zur Verfügung stehenden *Werkzeuge* in der *Abteilung*
IPR₄	Meine persönlichen Aufgaben lassen sich mit der *Innovation* kombinieren

Tabelle 7: Items – Inkompatibilität mit Prozessen & Richtlinien
Quelle: eigene Abbildung

Wahrgenommenes Risiko

Basis der Theorie des wahrgenommenen Risikos sind die Forschungsarbeiten von Bauer[56], Cox[57] und Cunningham[58] in den 1960iger Jahren und fokussieren sich auf das Verhalten von Konsumenten und deren individuellen Risikowahrnehmung.[59]

Das wahrgenommene Risiko ist hier das Resultat des unvollständigen Informationsstandes des Konsumenten. Es ist abhängig von der Wahrscheinlichkeit einer Verlustrealisation und der Ernsthaftigkeit der Konsequenzen.[60] Dieser Zusammenhang führt dazu, dass das wahrgenommene Risiko subjektiv empfunden wird, das heißt, die Grundlage ist die persönliche Interpretation der folgenden objektiven Teilrisiken.[61]

---

[56] vgl. (Bauer, Risk Taking and Information Handling in Consumer Behaviour, 1967); (Bauer, Consumer Behavior as Risk Taking, in: Hancock, R., 1960)
[57] vgl. (Cox, 1967)
[58] vgl. (Cunningham, 1967)
[59] vgl. (Haber, 2008, S. 96)
[60] vgl. (Haber, 2008, S. 96); siehe auch (Peter & Olson, 1994)
[61] vgl. (Havenstein, 2004, S. 199); (Haber, 2008, S. 97)

> **funktionales Risiko**

Unsicherheit des Konsumenten bezüglich der Funktionsleistung des Produktes.

> **finanzielles Risiko**

bildet den bevorstehenden monetären Verlust aufgrund des Kaufes oder Nutzung des Produktes.

> **physisches Risiko**

tritt auf sobald das Individuum einen negativen Einfluss auf seine Gesundheit befürchtet.

> **psychologisches Risiko**

sobald keine Übereinstimmung mit den eigenen Werten & Normen vorhanden ist.[62]

> **soziales Risiko**

repräsentiert den, auf Grund des Produktes, drohende Verlust von sozialem Ansehen.

> **zeitliches Risiko**

resultiert aufgrund der Unsicherheit über den zeitlichen Aufwand des Erwerbs und Nutzung des Produktes.

Wird die individuelle Risikoschwelle überschritten, wodurch das Risiko wirksam wird, wendet der Konsument verschiedene Techniken an um das wahrgenommene Risiko auf ein akzeptables Niveau zu minimieren. Zum einen besteht die Möglichkeit die Unsicherheit zu reduzieren. Dies geschieht beispielsweise durch die Streuung oder Übertragung des Risikos. Zum anderen wird beispielsweise durch Machtausübung oder vorbeugende Sicherheitsmaßnahmen versucht negative Konsequenzen zu verringern.[63]

Haber (2008, S. 171) weißt in seiner Arbeit nach, dass dieses Konstrukt zu den Resistenzinhibitoren zu zählen ist. Dabei gilt:

---

[62] siehe auch „Inkompatibilität mit Prozessen & Richtlinien"
[63] (Haber, 2008, S. 98); (Immes, 1993, S. 75f.); (Kroeber-Riel, Weinberg, & Gröppel-Klein, 2003, S. 400)

Erfüllung ≙ niedriges Risiko

Als mögliche wahrgenommene Risiken sind die Belastbarkeit der Ergebnisse sowie der benötigte Aufwand für die Nutzung der Innovation durch Experten-gespräche identifiziert worden. Hieraus bilden sich folgende, in Tabelle 8 und Tabelle 9 dargestellten Items zur Anwenderbefragung.

Item	trifft überhaupt nicht zu ⟷ trifft voll zu		
WGR$_{Au-wand1}$	Der Einsatz der *Innovation* beim *Arbeitsschritt* erspart mir Aufwand		
WGR$_{Au-wand2}$	Der Aufwand für den *Arbeitsschritt* mit der *Innovation* ist bezogen auf das Ergebnis angemessen		
WGR$_{Au-wand3}$	Das Aufbereiten der Ergebnisse für nachfolgende Schritte (z.B. Ergebnispräsentation) ist mit Hilfe der *Innovation* einfacher.		

Tabelle 8: Items – Wahrgenommenes Risiko $_{Aufwand}$
Quelle: eigene Abbildung

Item	trifft überhaupt nicht zu ⟷ trifft voll zu		
WGR$_{Belastbar-keit1}$	Auf das Ergebnis der Innovation ist Verlass		
WGR$_{Belastbar-keit2}$	Die technisch bedingte Toleranz, ist für meine Arbeit kein Hindernis.		
WGR$_{Belastbar-keit3}$	Die Ergebnisdarstellung ist für weiterführende Maßnahmen belastbar.		

Tabelle 9: Items – Wahrgenommenes Risiko $_{Belastbarkeit}$
Quelle: eigene Abbildung

Nutzen

Im Rahmen dieser Arbeit leitet sich der Nutzen aus dem relativen Vorteil einer Innovation ab.[64]

Der relative Vorteil wird dargestellt [...] *in economic terms, but social prestige factors, convenience, and satisfaction are also important factors.* (Rogers, 2003, S. 15)

Rogers (2003) weißt ebenfalls darauf hin, dass je größer der relative Vorteil einer Innovation ist, desto höher ist dessen Akzeptanztempo.[65]

Eine Aussage ob es sich bei dem jeweiligen Nutzen um einen Resistenzinhibitor, Hybridfaktor oder einen Akzeptanzpromotor handelt, lässt sich erst nach der Befragung definieren.[66] Grund hierfür ist, dass der Nutzen subjektiv, von Individuum zu Individuum, verschieden aufgefasst wird.[67]

Item	trifft überhaupt nicht zu ←→ trifft voll zu
NUZ$_{\text{Einfacher\&Schneller1}}$	Die Nutzung der *Innovation* bringt mir eine klare Zeitersparnis
NUZ$_{\text{Einfacher\&Schneller2}}$	Die *Innovation* vereinfacht mir eindeutig meinen *Arbeitsprozess*.
NUZ$_{\text{Einfacher\&Schneller3}}$	Die Vorbereitung der *Innovation* ist unkompliziert

Tabelle 10: Items – Nutzen $_{\text{Einfacher \&Schneller}}$
Quelle: eigene Abbildung

Status Quo Zufriedenheit

Entscheidet sich ein Individuum für eine Innovation, also für die Akzeptanz der Innovation, so bedeutet dies meist die Entscheidung gegen die bisherige Alternative, den Status Quo.[68]

---

[64] vgl. (Haber, 2008, S. 99)
[65] vgl. (Rogers, 2003, S. 15)
[66] vgl. (Haber, 2008, S. 164)
[67] vgl. (Rogers, 2003, S. 15)
[68] vgl. (Haber, 2008, S. 101); (Ellen, Bearden, & Sharma, 1991, S. 297)

Allgemein wird der Vorzug des Status Quo gegenüber einer Innovation als Status Quo Bias bezeichnet, welcher in der vorliegende Arbeit als Status Quo Zufriedenheit operationalisiert ist. Dieser kann mit Hilfe des Endowment-Effekts erklärt werden. Hier wird der Wert eines Objektes, welches sich im persönlichen Besitz befindet, höher bewertet, als es objektiv wert ist.[69]

Die Prospect-Theory liefert eine zusätzliche Erklärungsalternative. Sie besagt, dass der wahrgenommene Verlust eines Individuums durch Aufgabe des Status Quo höher ausfällt als ein potentieller Nutzengewinn durch die Innovation.[70]

Dies bedeutet für die Innovation, dass trotz der objektiven Vorteile in spezifischen Anwendungsfeldern, die bisherigen Alternativen bevorzugt werden könnten.

Der Status Quo hat einen erheblichen Einfluss auf die Akzeptanz gegenüber einer Innovation und weist einen negativen Asymmetrieeffekt gegenüber dem Nutzen auf.[71]

Wie sich der Status Quo im Kontext der Akzeptanz/Resistenz gegenüber Innovationen auswirkt, wird anhand folgender Items befragt.

Item	trifft überhaupt nicht zu ⟵ ⟶ trifft voll zu
QUO_1	Ich bin mit der Situation zufrieden, wie ich zur Zeit meine *Arbeitsschritte* ohne die *Innovation* durchführe
QUO_2	Mit den aktuellen *Arbeitsprozessen* bin ich zufrieden
QUO_3	So wie ich im Moment meine *Arbeitsergebnisse* erreiche, erfüllt meine Anforderungen.
QUO_4	Gegenüber der Arbeit mit den aktuellen *Werkzeugen* bevorzuge ich die *Innovation*.

Tabelle 11: Items – Status Quo Zufriedenheit
Quelle: eigene Abbildung

---

[69] vgl. (Haber, 2008, S. 101)
[70] vgl. (Haber, 2008, S. 102); (Adam, Bernard, & Gijs, 2010, S. 116)
[71] vgl. (Haber, 2008, S. 164/169)

7.4 Durchführung der Befragung

Mit Hilfe der beantworteten Fragebögen kann ausgewertet werden inwieweit die Innovation durch den Nutzer akzeptiert wird. Im Falle, dass keine Akzeptanz der Nutzer vorhanden ist können zielgerichtete Gegenmaßnahmen eingeleitet werden. Diese könnten beispielsweise die gezielte Information der Nutzer, eine stärke Integration der Nutzer in Prozesse, die Prozessgestaltung oder die Anpassung der Prozesse sein. Welche Maßnahmen einzuleiten sind, muss jedoch speziell anhand der ausgewerteten Daten entschieden werden. Hilfestellung bietet hierbei Abbildung 8.

Um Verständnisprobleme bei den gewählten Formulierungen ausschließen zu können, ist ein Pretest durchzuführen. Dieser soll sicherstellen dass die Fragen klar und verständlich formuliert worden sind.

II Innovation als Werkzeug zur Krisenbewältigung für mittelständische Unternehmen am Standort Deutschland

Dennis Bumiller

1 Einführung

1.1 Untersuchungsgegenstand

Innovationen sind generell ein wichtiger Bestandteil für den langfristigen und nachhaltigen Erfolg eines Unternehmens. Daher ist es von großer Bedeutung, sein Unternehmen und seine Produktpalette ständig weiterzuentwickeln. Nur so kann dem Kunden immer die neueste Technologie angeboten werden.

Jedoch nicht nur Innovationen allein, sondern auch das Management von Innovationen und den dazugehörenden Prozessen sind erfolgsentscheidend.

Ein interessanter Ansatzpunkt für Untersuchungen ist es, herauszufinden, ob Innovationen tatsächlich ein Garant für den Unternehmenserfolg sind. Bisher jedoch werden die Wirkung und die Bedeutung von Innovationen zumeist auf den allgemeinen unternehmerischen Erfolg hin untersucht. Eine weiterführende interessante Analyse ist, inwieweit Neuentwicklungen sowie ein erfolgreiches Innovationsmanagement den Unternehmen in Krisenzeiten weiterhelfen bzw. ihnen aus der Krise helfen. So ist es möglich, zu zeigen, ob es sich lohnt gerade in schlechten wirtschaftlichen Perioden auf neue Ansätze sowie die Entwicklung neuer Produkte und Dienstleistungen zu setzen.

Für diesen Untersuchungszweck benötigt es als Referenz eine wirtschaftliche Regression, die merkliche Spuren in der Wirtschaft hinterlassen hat.

Dafür eignet sich hervorragend die zurückliegende, 2008 ausgebrochene, Finanz- und Wirtschaftskrise, in welcher nahezu alle Branchen von massiven Auftragseinbrüchen und Umsatzrückgängen betroffen waren.[72]

---

[72] (Frese, A., Juli 2009)

1.2 Zielsetzung

Basierend auf dem Hintergrund der zuvor genannten Krise soll nun herausgefunden werden, inwieweit ein erfolgreiches Innovationsmanagement den Unternehmen bei ihrem Weg aus dem wirtschaftlichen Tief geholfen hat.

Das Hauptziel ist es, herauszufinden, ob Innovationen als Werkzeug zur Krisenbewältigung für mittelständische Unternehmen am Standort Deutschland geeignet sind.

Dazu wird untersucht, wie stark die Betriebe generell von der Krise betroffen waren und welche Auswirkungen auf den Umsatz und die Beschäftigung verspürt wurden.
Darüber hinaus versucht der Autor zu erörtern, wie sich die Innovationsaktivität entwickelt hat sowie welche Bedeutung Neuentwicklungen zuteilwurde. Außerdem soll im Rahmen dieser Ausarbeitung herausgefunden werden, wie viel die deutschen Betriebe während des konjunkturellen Tiefs in neue Produkte und Prozesse investierten. Ferner sollen die entscheidenden Innovationschancen und -hemmnisse identifiziert werden.
Abschließend wagt der Verfasser einen Blick auf die Zeit nach der Krise. Damit soll festgesellt werden, welchen Stellenwert Innovationen in der Zukunft haben.

Das Vorhaben wird zum einen durch eine umfassende Literaturrecherche nach geeigneten aktuellen Studien und zum anderen durch eine Befragung ausgewählter Betriebe realisiert. Da sich diese Ausarbeitung lediglich mit der vergangenen Wirtschaftskrise beschäftigt, wird auf allgemeine, veraltete Fachliteratur zum Thema wenn möglich verzichtet.

1.3 Vorgehensweise

Zuerst werden in *Kapitel 2* wichtige Studien zum Thema vorgestellt. Anschließend werden zwei aussagekräftige Studien aus den Ergebnissen der Literaturrecherche ausgewählt. Diese werden dann unter den in *Kapitel 1.2* genannten Gesichtspunkten untersucht. Zum Abschluss von *Kapitel 2* verfasst der Autor aus den Ergebnissen der beiden Studien ein Zwischenfazit.

Das *Kapitel 3* befasst sich mit der Befragung von fünf mittelständischen Industrieunternehmen aus dem süddeutschen Raum. Eingangs erläutert der Verfasser den verwendeten Fragebogen. Dazu geht er auf dessen Aufbau und dessen wichtigsten Merkmale ein. Daraufhin schildert er die Umfragemethode. Nachfolgend stellt der Autor die teilnehmenden Betriebe vor. Anschließend werden die Fragebogen anhand bestimmter Kriterien ausgewertet, sodass Aussagen über die Innovationstätigkeit der teilnehmenden Unternehmen getroffen werden können. Diese Ergebnisse münden in ein weiteres Zwischenfazit, welches den praktischen Untersuchungsteil abschließt.

Nun folgt in *Kapitel 4* ein elementarer Teil der gesamten Arbeit. Hier wird anhand der Ergebnisse aus den *Abschnitten 2* und *3* ein Resümee gezogen. Diese Schlussfolgerung ermöglicht es festzustellen, ob Innovationen wirklich als Motor aus der Krise gedient haben.

Den Abschluss der Ausarbeitung stellt der Ausblick dar. Dieser dient dem Autor dazu, Ansatzpunkte für weitere Untersuchungen zu nennen. In ihm werden Ideen für eine sinnvolle Erweiterung der Arbeit geliefert.

2 Aktueller Forschungsstand

2.1 Auswahl der Studien

Nachfolgend werden zwei Studien bearbeitet. Im Rahmen dieser Arbeit sind das *KfW-Mittelstandspanel 2010* der KfW (Kreditanstalt für Wiederaufbau) und das *Innovationsbarometer* des F.A.Z.-Instituts für eine weitere Analyse am besten geeignet.

Das *KfW-Mittelstandspanel 2010* von der KfW-Bank wird wegen der interessanten Herangehensweise mittels einer Regressionsanalyse ausgewählt. Mit Hilfe dieser Untersuchungsmethode kann herausgefunden werden, welche Faktoren in der Rezession einen positiven bzw. negativen Effekt auf die Geschäftsentwicklung hatten.

Bei der zweiten Studie fällt die Entscheidung auf den vom F.A.Z.-Institut erstellten *Innovationsbarometer*. Ein Grund dafür sind die interessanten Untersuchungsmerkmale. So werden zum Beispiel Innovationshemmnisse, die Veränderung der Wertschätzung des Innovationsmanagements im zeitlichen Verlauf (vor, in und nach der Krise) oder auch Investitionen im Innovationsbereich erforscht. Des Weiteren werden im *Innovationsbarometer* nahezu alle wichtigen Merkmale abgedeckt. Demzufolge wird eine umfassende Untersuchung ermöglicht.

Auch der Bundesverband der Deutschen Industrie (BDI) stellt mit seinen Ausgaben *Frühjahr 2009*, *Herbst 20009*, *Frühjahr 2010* und *Herbst 2010* des *BDI-Mittelstandspanel* ebenfalls interessante Studien dar, jedoch beziehen sich elementare Rechercheergebnisse auf die Zeit nach der Krise. Deswegen sind sie für eine Analyse im Rahmen dieser Arbeit ungeeignet.

Eine weitere äußerst nützliche Studie ist der *Indikatorenbericht zur Innovationserhebung 2009* vom Zentrum für Europäische Wirtschaftsforschung (ZEW). Leider kann auch dieser Bericht nicht verwendet werden, da die ermittelten Daten sich noch nicht direkt auf die Wirtschaftskrise beziehen. Eine aktuellere Ausgabe des ZEW-Reports liegt zum Bearbeitungszeitpunkt (Anfang Dezember 2010) noch nicht vor.

Weitere Studien, die bei der Literaturrecherche gefunden wurden, aber in dieser Arbeit aus verschiedenen Gründen nicht beachtet werden, sind:

- Deutscher Industrie- und Handelskammertag (DIHK)
  - DIHK-Innovationsreport 2008/2009
  - DIHK-Umfrage: Innovationsverhalten deutscher Unternehmen in der Krise – erstaunlich offensiv
  - DIHK-Innovationsreport 2010 (wurde lediglich zur Erstellung des Fragebogens berücksichtigt)
- BDI und Deutsche Telekom Stiftung
  - Innovationsindikator Deutschland 2009
- Ernst & Young
  - Mittelstandsbarometer 2010

2.2 KfW-Mittelstandspanel 2010

2.2.1 Einleitung

Das *KfW-Mittelstandspanel* beinhaltet alle mittelständischen Unternehmen Deutschlands mit einem Umsatz von unter 500 Mio. Euro pro Jahr. Sogar eine Erfassung der Betriebe, welche weniger als fünf Mitarbeiter beschäftigen, ist möglich. Die Daten werden jährlich durch eine schriftliche Wiederholungsbefragung der oben definierten kleinen und mittleren Unternehmen (KMU) ermittelt.[73]

Grundlage für die hier behandelte Ausgabe des Jahres 2010 sind Daten, die zwischen den Jahren 2003 und 2010 erfasst wurden. Somit bildet diese Ausgabe die wirtschaftliche Situation von 2002 bis 2009 ab. Die Tatsache, dass das zurückliegende konjunkturelle Tief in diesen Zeitraum fällt, qualifiziert diese Studie für die Untersuchung der mittelständischen Unternehmen am Standort Deutschland in Bezug auf ihre Innovationstätigkeiten und den daraus gewonnen Nutzen für die Bewältigung der vergangenen Finanz- und Wirtschaftskrise.[74]

Zudem beschäftigt sich das *KfW-Mittelstandspanel 2010* mit einem Ausblick auf die Geschäftsentwicklung der Unternehmen bis ins Jahr 2012.[75]

2.2.2 Unternehmensentwicklung 2007 bis 2009

In diesem Kapitel wird die Entwicklung der untersuchten KMU in Bezug auf deren Umsatz und deren Beschäftigung geprüft. Unterschieden wird dabei nach der Zugehörigkeit zu den Wirtschaftssektoren:

- F&E (Forschung und Entwicklung)-intensives Verarbeitendes Gewerbe,
- sonstiges Verarbeitendes Gewerbe,
- wissensintensive Dienstleistungen,
- sonstige Dienstleistungen und
- Baugewerbe.

---

[73] (KfW Bankengruppe, 2010, S. 2)
[74] (KfW Bankengruppe, 2010, S. 2)
[75] (KfW Bankengruppe, 2010, S. 2)

Die Untersuchung der KfW bezieht sich auf den Zeitraum 2005 bis 2009. Im Rahmen dieser Arbeit ist jedoch nur die Zeitspanne von 2007 bis 2009 von Interesse, da diese Zeitspanne für Aussagen über die Entwicklungen während der Finanz- und Wirtschaftskrise, welche Mitte 2008 ihren Anfang hatte,[76] ausreicht. Die Jahre 2005 bis 2006 sind für diese Arbeit somit irrelevant. Das Hauptaugenmerk liegt auf dem Jahr 2009, in welchem sich die Auswirkungen der ökonomischen Misere verstärkt bemerkbar machten.[77]

2.2.2.1 Beschäftigungsentwicklung

Analysiert man die Beschäftigungsentwicklung nach der Branchenzugehörigkeit, so lässt sich durch Betrachtung von *Abbildung 12* schnell erkennen, dass bereits 2008 das Beschäftigungswachstum branchenübergreifend abgenommen hatte. Im Krisenjahr 2009 hatte das Gros der Branchen, speziell das F&E-intensive Verarbeitende Gewerbe (-2,8 %), dann sogar einen Rückgang der Full-Time-Equivalent (FTE)-Beschäftigung[78] zu verzeichnen.[79]

Auffällig ist zudem, dass die wissensintensiven Dienstleistungen im selben Jahr einen nicht unwesentlichen Beschäftigungszuwachs von 1,7 % aufweisen konnten. Vergleicht man diesen Wert mit den sonstigen Dienstleistungen (-0,3 %), so fällt auf, dass der wissensintensive Sektor eine weitaus positivere Entwicklung genommen hat. Ausschlaggebend hierfür könnte die hohe Innovationstätigkeit gewesen sein.[80]

Die Tatsache, dass das ebenfalls stark innovationstätige F&E-intensive Verarbeitende Gewerbe (Anteil Innovatoren: 64 %)[81] nicht dasselbe Beschäftigungswachstum erreichen konnte, lag eventuell an der starken Exportorientierung.[82] Da bekanntlich in der Wirtschaftskrise die Auslandsnachfrage drastisch eingebrochen ist,[83] wäre dies ein nachvollziehbarer Grund.

---

[76] Definition siehe (Institut für Mittelstandsforschung Bonn, Herbst 2009, S. 6)
[77] (Reuters, März 2010)
[78] (KfW Bankengruppe, 2010, S. 2), Definition FTE-Beschäftigte
[79] (KfW Bankengruppe, 2010, S. 36)
[80] (KfW Bankengruppe, 2010, S. 37)
[81] (KfW Bankengruppe, 2010, S. 39)
[82] (KfW Bankengruppe, 2010, S. 39)
[83] (Brost, M., Oktober 2009)

Inwieweit Innovationsanstrengungen in der Rezession einen Einfluss auf die Geschäftsentwicklung in den diversen Branchen hatten und inwiefern Innovationen als hilfreiches Werkzeug zur Krisenbewältigung gedient haben, wird versucht durch die Ergebnisse der Regressionsanalyse (vgl. *Kapitel 2.2.3*) zu identifizieren.

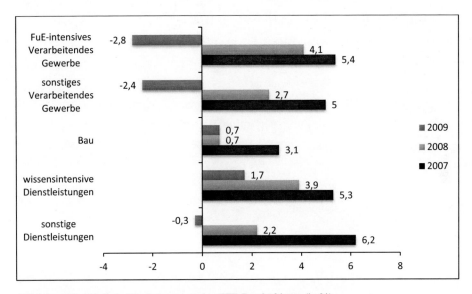

Abbildung 12: Jährliche Wachstumsrate der FTE-Beschäftigten (in %)
Quelle: (KfW Bankengruppe, 2010, S. 37)

2.2.2.2 Umsatzentwicklung

Als zusätzliches Untersuchungsmerkmal soll die Umsatzentwicklung der Unternehmen dienen. Hier wird wieder nach deren Branchenzugehörigkeit unterschieden. Anhand der Analyseergebnisse der KfW, welche in *Abbildung* 13 aufgeführt sind, lässt sich unschwer erkennen, dass bereits 2008 die Unternehmen, im Vergleich zum Vorjahr, einen weniger stark wachsenden Umsatz zu verzeichnen hatten.

Im Krisenjahr 2009 hatten dann nahezu alle Branchen mehr oder weniger starke Umsatzeinbußen zu verkraften.

Auffallend negative Umsatzentwicklungen hatten besonders das F&E-intensive (-14,1 %) und das sonstige Verarbeitende Gewerbe (-14 %) zu aufzuweisen. Als Grund hierfür wird wiederum die starke Exportorientierung[84] angesehen, welche zusammen mit der krisenbedingt weggebrochenen Auslandsnachfrage zu einem eklatanten Umsatzeinbruch geführt haben könnte.[85]

Die Analyseergebnisse des Umsatzes aus *Abbildung 13* zeigen zudem, dass auch die wissensintensiven Dienstleistungen einen Umsatzrückgang (-2,8 %) verarbeiten mussten. Jedoch konnten sie sich von der verwandten Branche der sonstigen Dienstleistungen (-5,1 %) positiv absetzen.

Dieses Ergebnis lässt wiederum die Vermutung zu, dass Innovationen tatsächlich als Werkzeug zur Bewältigung der zurückliegenden Wirtschaftskrise tauglich waren.

Die Ergebnisse der Regressionsanalyse sollen zeigen, ob diese Vermutung bestätigt oder widerlegt werden kann.

---

[84] (KfW Bankengruppe, 2010, S. 39)
[85] (KfW Bankengruppe, 2010, S. 38)

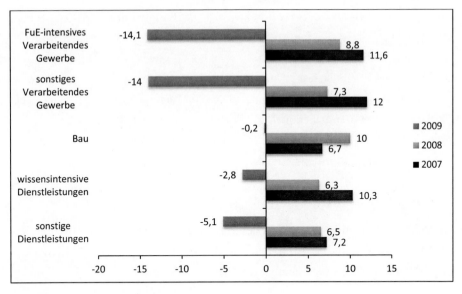

Abbildung 13: Jährliche Wachstumsrate des Umsatzes (in %)
Quelle: (KfW Bankengruppe, 2010, S. 39)

2.2.3 Regressionsanalyse

Mit Hilfe einer Regressionsanalyse, genauer gesagt einer Kleinst-Quadrate-Regression, soll versucht werden diejenigen Faktoren zu identifizieren, welche zu der dargestellten Umsatz- und Beschäftigungsentwicklung geführt haben. Im Zuge des *KfW-Mittelstandspanel 2010* werden die nachfolgenden Kriterien untersucht:

- *Branche des Unternehmens,*
- *Unternehmensgröße,*
- *Alter des Unternehmens,*
- *Region des Unternehmenssitzes,*
- *Investitionstätigkeit* und
- *Exportaktivität.*

Des Weiteren werden die Auswirkungen der, im Rahmen dieser Arbeit, besonders wichtigen Faktoren *Innovationstätigkeit* und *F&E-Aktivität* mit Hilfe der
Regressionsanalyse erforscht.[86]

Der Autor beschränkt sich in seiner Analyse hauptsächlich auf das hier relevante
Kriterium *Innovationstätigkeit*. Für zusätzliche Aussagen zieht er zudem das
Merkmal *F&E-Aktivität* heran. Mit Hilfe dieser beiden Faktoren können erste
Aussagen getroffen werden, inwieweit Innovationen als Werkzeug zur Krisen-
bewältigung genutzt werden können.

2.2.3.1 Innovationstätigkeit

Ob sich die Innovationstätigkeit in der vergangenen wirtschaftlichen Regression
positiv auf die Geschäftsentwicklung ausgewirkt hat, lässt sich mit Hilfe der Ergebnisse aus der Regressionsanalyse feststellen.

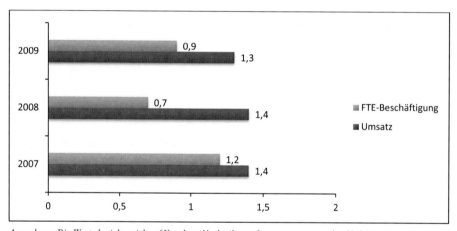

Anmerkung: Die Werte beziehen sich auf Vor- bzw. Nachteile von Innovatoren gegenüber Nichtinnovatoren.
Lesehilfe: Innovatoren haben gegenüber Nichtinnovatoren im Jahr 2009 ein um 1,3 % höheres Umsatzwachstum.

Abbildung 14: Geschätzter (partieller) Effekt von Innovationen auf die jährliche
FTE-Beschäftigungs- und Umsatzentwicklung (in %)
Quelle: (KfW Bankengruppe, 2010, S. 73 f.)

Die in *Abbildung 14* dargestellten partiellen Effekte von Innovationen lassen erkennen, dass eine rege Innovationstätigkeit vor allem in den Krisenjahren 2008

---

[86] (KfW Bankengruppe, 2010, S. 40)

und 2009 zu einem höheren Umsatzwachstum beigetragen haben. Hier konnte das Niveau (2008: +1,4 % und 2009: +1,3 %) des Jahres 2007 (+1,4 %), welches von der Krise noch nicht direkt betroffen war, gehalten werden.[87]

Innovationen haben jedoch nicht nur einen positiven Effekt auf die Umsatzentwicklung eines Betriebes. Auch die Beschäftigung kann dadurch gesteigert werden. So wuchsen innovative Unternehmen 2009 bezüglich ihrer Beschäftigung um knapp 1 % mehr als diejenigen, welche sich nicht mit Innovationen beschäftigten.[88]

Abschließend lässt sich sagen, dass Innovatoren gegenüber Nichtinnovatoren konjunkturunabhängig eine positivere Geschäftsentwicklung verzeichnen können. Zudem bestätigen die Ergebnisse der Regressionsanalyse, dass Innovationstätigkeiten auch in der zurückliegenden Krise als Wachstumsmotor dienen konnten.[89] Als Schlussfolgerung stellt der Autor somit fest, dass Innovationen die Unternehmen, in diesem Fall speziell die KMU, auf ihrem Weg aus dem konjunkturellen Tief erfolgreich unterstützten konnten.

---

[87] (KfW Bankengruppe, 2010, S. 42)
[88] (KfW Bankengruppe, 2010, S. 42)
[89] (KfW Bankengruppe, 2010, S. 43)

2.2.3.2 F&E-Aktivität

Ergänzend zu den Auswirkungen von Innovationen wird nachfolgend der verwandte Bereich der F&E-Aktivität betrachtet. Hier zeigt sich, verglichen mit der Innovationstätigkeit von KMU, ein ähnliches Bild.

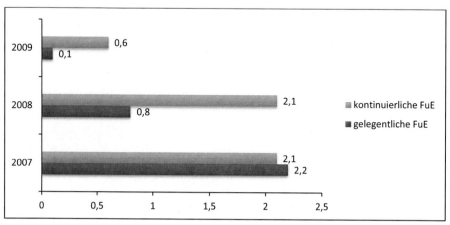

Anmerkung: Die Werte beziehen sich auf Vor- bzw. Nachteile von F&E-aktiven Unternehmen gegenüber F&E-inaktiven Unternehmen.

Lesehilfe: Unternehmen die kontinuierlich F&E betreiben, hatten 2009 ein um 0,6 % höheres Beschäftigungswachstum als Unternehmen ohne jegliche F&E-Aktivitäten.

Abbildung 15: Geschätzter (partieller) Effekt von kontinuierlicher und gelegentlicher F&E-Tätigkeit auf die jährliche FTE-Beschäftigungsentwicklung (in %)
Quelle: (KfW Bankengruppe, 2010, S. 73)

Anhand von *Abbildung 15* wird deutlich, dass sowohl eine kontinuierliche als auch eine gelegentliche F&E-Aktivität von Unternehmen unabhängig von der konjunkturellen Situation zu einer positiven Beschäftigungsentwicklung beigetragen haben. Zwar kann man in den Krisenjahren 2008 und 2009 einen Rückgang der positiven Effekte beobachten, jedoch hat sich durch eine rege F&E-Aktivität sogar in schlechten Zeiten die Beschäftigung steigern lassen (2008: +0,8 % / +2,1 %; 2009: +0,1 % / +0,6 %).

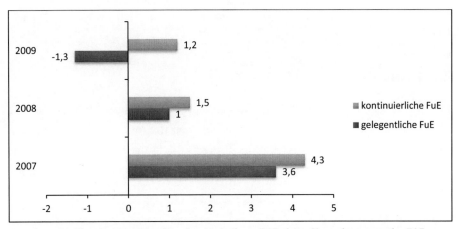

Anmerkung: Die Werte beziehen sich auf Vor- bzw. Nachteile von F&E-aktiven Unternehmen gegenüber F&E-inaktiven Unternehmen.

Lesehilfe: Unternehmen die kontinuierlich F&E betreiben, hatten 2009 ein um 0,6 % höheres Beschäftigungswachstum als Unternehmen ohne jegliche F&E-Aktivitäten.

Abbildung 16: Geschätzter (partieller) Effekt von kontinuierlicher und gelegentlicher
F&E-Tätigkeit auf die jährliche Umsatzentwicklung (in %)
Quelle: (KfW Bankengruppe, 2010, S. 73)

Bei der Veränderung des Umsatzes verhält es sich ähnlich wie bei der Beschäftigungsentwicklung. Hier zeigen sich jedoch positivere Effekte durch kontinuierliche und gelegentliche F&E-Aktivitäten (2007: +4,3 % / +3,6 %).

Unternehmen die kontinuierlich F&E betrieben haben, konnten sogar in der Krise (2008: +1,5 %; 2009: +1,2 %) ihre jährliche Umsatzwachstumsrate deutlich steigern.

Durch eine nur gelegentliche F&E-Tätigkeit lassen sich jedoch gegenüber KMU, ohne jegliche F&E-Aktivitäten, in der vergangenen Wirtschaftskrise Nachteile feststellen. Als 2008 die Misere begann, konnte mit gelegentlichen F&E-Anstrengungen noch eine positive Umsatzentwicklung bewirkt werden (+1 %). Im folgenden Jahr mussten Unternehmen mit gelegentlichen F&E-Aktivitäten im Vergleich zu KMU mit keinerlei Tätigkeit in diesem Bereich sogar Abstriche machen (2009: -1,3 %).

Zusammenfassend lässt sich anmerken, dass KMU ihre Geschäftsentwicklung vor allem durch eine kontinuierliche Betätigung im F&E-Bereich positiv beeinflussen konnten. Diese Erkenntnis untermauert die Aussage über die vorteilhaften Auswirkungen von Innovationen in der zurückliegenden Finanz- und Wirtschaftskrise.

2.2.4 Ausblick für 2010 bis 2012

In diesem Abschnitt soll eine kurze Zukunftsprognose, unterschieden nach den bereits in *Kapitel 2.2.2* aufgeführten Branchen, getroffen werden. Hierzu wurden die verschiedenen Wirtschaftssektoren zu deren zukünftiger Geschäftserwartung für die Jahre 2010 bis 2012 befragt. Die Ergebnisse sind in *Abbildung 17* dargestellt.

2.2.4.1 Geschäftserwartung

Anhand *Abbildung* 17 lässt sich erkennen, dass branchenübergreifend der Großteil der Unternehmen optimistisch in die Zukunft blickte. Betrachtet man die Geschäftserwartung der einzelnen Branchen genauer, so fällt auf, dass für die Jahre 2010 bis 2012 gerade die auf Neuentwicklungen ausgerichteten Sektoren, F&E-intensives Verarbeitendes Gewerbe (Optimisten: 59 %) und wissensintensive Dienstleistungen (Optimisten: 45 %), auffallend zuversichtlich waren. Diesem Umstand zufolge lässt sich vermuten, dass Innovationen die Betriebe in ihrer zukünftigen Erwartung positiv beeinflussten.[90]

Nun soll mit Hilfe einer Ordered-Probit-Schätzung herausgefunden werden, welchen Einfluss der Umgang mit Innovationen auf die Geschäftsentwicklung der KMU tatsächlich ausübte.

Der Faktor *F&E-Aktivität* soll dabei lediglich die mit Hilfe des Kriteriums *Innovationstätigkeit* getroffenen Aussagen bekräftigen.

---

[90] (KfW Bankengruppe, 2010, S. 46 ff.)

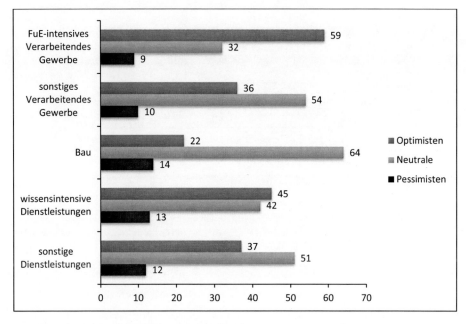

Abbildung 17: Geschäftserwartung der einzelnen Branchen für die Jahre 2010 bis 2012 (in %)
Quelle: (KfW Bankengruppe, 2010, S. 73)

2.2.4.2 Einfluss von Innovationen

Die Ergebnisse der Ordered-Probit-Schätzung (vgl. *Abbildung* 18) bestätigen die Vermutung, dass Innovationen (+11,3 %) einen positiven Effekt auf die zukünftige Geschäftserwartung der Unternehmen hatten.[91]

Bekräftigt wird diese Erkenntnis durch das Hinzuziehen des Untersuchungsmerkmals *F&E-Aktivität*. Diejenigen die kontinuierlich (+16,5 %) bzw. gelegentlich (+8,3 %) Forschung und Entwicklung betrieben haben, blickten unverkennbar optimistischer in die Zukunft als KMU ohne jegliche Anstrengungen im Forschungs- und Entwicklungsbereich.[92]

---

[91] (KfW Bankengruppe, 2010, S. 47)
[92] (KfW Bankengruppe, 2010, S. 47)

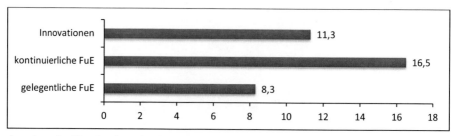

Anmerkung: Die Werte beziehen sich auf eine optimistischere Erwartung von Innovatoren gegenüber Nichtinnovatoren sowie auf eine optimistischere Erwartung von KMU mit gelegentlichen und kontinuierlichen F&E-Aktivitäten gegenüber KMU mit keinerlei F&E-Aktivitäten.

Lesehilfe: Innovierende KMU weisen im Gegensatz zu nichtinnovierenden Unternehmen ein zu 11,3 % höhere Wahrscheinlichkeit auf, optimistische Zukunftserwartungen zu haben.

Abbildung 18: Geschätzter (partieller) Effekt von Innovationen und F&E-Aktivitäten auf die Wahrscheinlichkeit optimistischer Erwartungen für die Jahre 2010 bis 2012 (in %)
Quelle: (KfW Bankengruppe, 2010, S. 73,75)

Schließlich gelangt man zu dem Resultat, dass Unternehmen die sich mit Neuentwicklungen, sprich Innovationen, beschäftigen und sich im Bereich Forschung und Entwicklung aktiv betätigen, optimistischer in die Zukunft blicken. Somit ist die Einführung von neuen Produkten und Prozessen ein wichtiger Grundpfeiler für eine positive Unternehmensentwicklung.[93]

---

[93] (KfW Bankengruppe, 2010, S. 48)

2.3 Der Innovationsbarometer

2.3.1 Einleitung

Der vom F.A.Z.-Institut und vom „Innovationsmanager – Magazin für Innovationskultur" erstellte *Innovationsbarometer* befasst sich mit dem Innovationsverhalten von Unternehmen in der vergangenen Wirtschaftskrise.

Dazu wurde „in Zusammenarbeit mit den Projekten TOP, Euronet-TOP, Kompass, BEST und dem STEP-Award im Februar 2009"[94] eine Umfrage durchgeführt. Die Befragung fand unter ca. 200 Betrieben im Februar 2009 statt. Dabei wurden unterschiedlich große Betriebe aus diversen Branchen befragt. Der Umfragezeitpunkt war für eine Meinungsforschung besonders gut geeignet, da sich die Krise hier nicht mehr im Anfangsstadium[95] befunden hatte. So konnten nicht nur anfängliche Eindrücke und Vermutungen, sondern auch fundierte Erkenntnisse gewonnen werden.[96]

Inhalt der Befragung war die Untersuchung verschiedener Innovationsthemen. So wurden Innovationausgaben, die Bedeutung des Innovationsmanagements als Managementaufgabe, Innovationshemmnisse oder auch die zeitliche und konjunkturabhängige Entwicklung von Innovationstätigkeiten erfragt.

2.3.2 Innovation als Managementaufgabe

Sieht man sich die Ergebnisse für die Wertschätzung des Innovationsmanagements an, so wird schnell deutlich welch wichtige Rolle Neuentwicklungen bei den befragten Unternehmen spielten (vgl. *Abbildung* 19).

Alle Untersuchungsteilnehmer befanden einen Umgang mit Innovationen im Rahmen ihrer Managementaufgaben als bedeutend. Sechs von zehn Teilnehmern stuften das Thema Innovation sogar als „sehr wichtig" ein.[97]

---

[94] (F.A.Z. Institut, 2009, S. 1)
[95] (Institut für Mittelstandsforschung Bonn, Herbst 2009, S. 6)
[96] (F.A.Z. Institut, 2009, S. 1)
[97] (F.A.Z. Institut, 2009, S. 5)

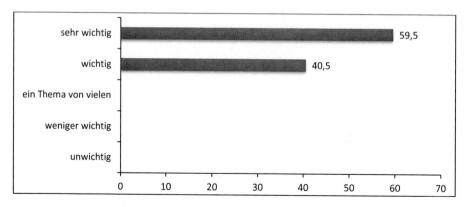

Abbildung 19: Wichtigkeit des Innovationsmanagements
Quelle: (F.A.Z. Institut, 2009, S. 5)

2.3.3 Betroffenheit von der Krise

Die Einordnung in unterschiedliche Betroffenheitskategorien ist im Zuge dieser Arbeit sinnvoll, um die Situation in der Wirtschaft zum Zeitpunkt der Befragung besser einschätzen zu können.

Im Rahmen der vom F.A.Z.-Institut durchgeführten Studie lässt sich hinsichtlich der Auswirkungen des wirtschaftlichen Abwärtstrends feststellen, dass die Mehrzahl der Firmen deutlich getroffen wurde. So haben 35 % angegeben „spürbar" betroffen zu sein. Bei jedem vierten Unternehmen hat die Krise deutlichere Spuren hinterlassen. Knapp jeder zehnte Betrieb hatte sogar mit gravierenden Problemen zu kämpfen. Der Anteil an Unternehmen mit kaum merklichen (35,1 %) oder sogar keinerlei (5,4 %) Auswirkungen war verhältnismäßig gering.[98]

---

[98] (F.A.Z. Institut, 2009, S. 3)

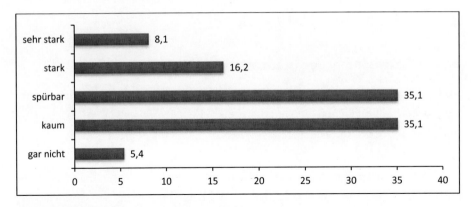

Abbildung 20: Betroffenheit von der Krise (in %)
Quelle: (F.A.Z. Institut, 2009, S. 3)

Besonders auffallend ist die Struktur der Antworten. In ihr ist eine ganz klare Tendenz zur Mitte zu erkennen (35,1 % → spürbar).[99]

Abschließend sollte festgehalten werden, dass am Großteil der Betriebe die vergangene Rezession nicht spurlos vorübergegangen ist.

---

[99] (Paier, 2010, S. 68)

2.3.4 Krise und Innovationen

2.3.4.1 Entwicklung der Innovationstätigkeit

In diesem Abschnitt wird untersucht, inwieweit sich die Innovationsanstrengungen in den Unternehmen verändert haben (vgl. *Abbildung 21*). Als Beobachtungszeitraum dient die Zeitspanne von Februar 2008 bis Februar 2009.

Die Ergebnisse des *Innovationsbarometers* lassen den Schluss zu, dass Innovationen infolge der Krise einen deutlichen Wertgewinn verzeichnen konnten. So entwickelte sich die Innovationstätigkeit in dem betrachteten Zeitraum, welcher auch den Anfang der Konjunkturschwäche miteinschließt,[100] sehr positiv.

In Zahlen ausgedrückt heißt das, dass mehr als zwei Drittel ihre Innovationsanstrengungen, von Beginn des konjunkturellen Abschwungs an, gesteigert haben. Hervorzuheben sind dabei vor allem die 35,1 %, welche mitgeteilt haben, dass ihre Tätigkeiten im Zuge der Ausweitung der Wirtschaftskrise stark gestiegen sind. Zudem haben drei von zehn der untersuchten Betriebe angegeben, dass ihre Innovationsaktivitäten konstant geblieben sind. Demgegenüber stehen lediglich 2,7 %, die ihre Betätigungen im Innovationssektor reduziert haben.[101]

---

[100] (Institut für Mittelstandsforschung Bonn, Herbst 2009, S. 6)
[101] (F.A.Z. Institut, 2009, S. 4)

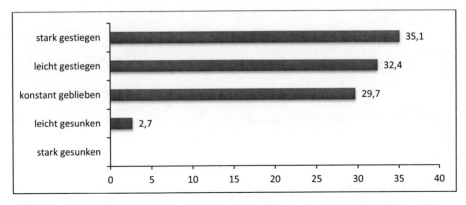

Abbildung 21: Entwicklung der Innovationstätigkeit im Zeitraum von Februar 2008 bis
Februar 2009
Quelle: (F.A.Z. Institut, 2009, S. 4)

Die hier gewonnen Erkenntnisse zeigen die überaus große Bedeutung von neuen Produkten und Prozessen gerade in schwachen Konjunkturphasen. Folgendermaßen ist eine rege Innovationstätigkeit elementar, um konkurrenzfähig in einen neuerlichen Wirtschaftsaufschwung zu starten. Nur so kann ein Unternehmen im Wettbewerb bestehen.

2.3.4.2 Ausgaben für Innovationen

Die Menge an Geld, welche man für einen Bereich ausgibt, spiegelt indirekt auch stets die Wertschätzung wider, die man ihm beimisst.

Betrachtet man unter diesem Aspekt die Ausgaben, welche für Innovationen in der Krise getätigt wurden (vgl. *Abbildung 22*), so wird deutlich, dass lediglich eine Minderheit ihre Investitionen heruntergefahren hat (13,5 %). Die Hälfte der Unternehmen hat sich dafür entschieden die Ausgaben auf diesem Gebiet zu steigern.[102]

Dieser Umstand lässt die Vermutung zu, dass Innovationen bei den untersuchten Betrieben gerade in der Rezession einen hohen Stellenwert hatten.

---

[102] (F.A.Z. Institut, 2009, S. 4)

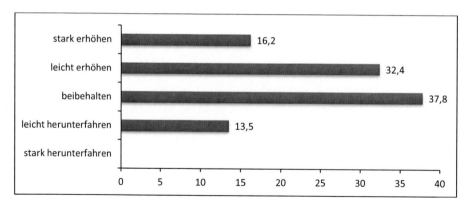

Abbildung 22: Entwicklung der Ausgaben für Innovationen in der Krise, bezogen auf die Gesamt-
ausgaben
Quelle: (F.A.Z. Institut, 2009, S. 4)

Im Zusammenhang mit den Ausgaben für Innovationen ist auch noch ein anderer Aspekt interessant. Wie in *Unterkapitel 2.3.2* bereits festgestellt, wurde die Mehrzahl der Betriebe von der wirtschaftlichen Talfahrt relativ stark erfasst. Demzufolge ist die Entwicklung der Investitionen umso erstaunlicher

Das Verhalten der Unternehmen in Bezug auf die Ausgaben für Innovationen untermauert die im vorigen Abschnitt gewonnenen Ergebnisse, dass Neuentwicklungen in der schwachen Wirtschaftsphase von großer Wichtigkeit waren.

2.3.4.3 Innovationshemmnisse

In diesem Abschnitt sollen anhand der Ergebnisse des *Innovationsbarometers* die hauptsächlichen Ursachen, welche eine gesteigerte Innovationsaktivität in der vergangenen Wirtschaftskrise verhindert haben, identifiziert werden (vgl. *Abbildung 23*).

In erster Linie hemmte die Verfügbarkeit von Finanzierungsmitteln die Generierung von Neuentwicklungen (56,8 %).[103] Als ein Grund kann eine härtere Risikoprüfung der Banken angenommen werden. Dies äußerte sich unter anderem durch eine vorsichtigere Vergabe von Krediten.[104] Dagegen spricht, dass zwei Drittel der Mittel für Innovationsprojekte aus Eigenmitteln stammen und nur ein geringer Teil durch Bankkredite finanziert wird.[105]
Betrachtet man die Professionalität des Innovationsmanagements, zeigt sich, dass gerade im Bereich der Innovationsfinanzierung noch erheblich Nachholbedarf bestanden hat. Hier waren es lediglich drei von zehn Unternehmen, die strukturiert bei der Mittelbeschaffung für ihre Projekte vorgehen. Dies könnte ebenfalls die Schwierigkeiten bei der Finanzierung begründen.[106]

Unausgereifte Innovationsprozesse waren für knapp die Hälfte eine große Hürde auf dem Weg zur Umsetzung von Innovationen. Weiter bemängelten 38 % der Unternehmen eine schlechte Organisation des Innovationsmanagements. Diese beiden Hürden können unter anderem eine Ursache für zu lange Umsetzungszeiten sein. Somit wird deutlich, wie wichtig eine schnelle Markteinführung gerade bei neuen Produkten sein kann.[107]
Verschlingt die Generierung neuer Entwicklungen zu viel Zeit, wird der Konkurrenz ermöglicht den relevanten Markt schneller zu betreten und somit wichtige Erstgewinne zu erzielen.[108]

---

[103] (F.A.Z. Institut, 2009, S. 6)
[104] (Deutscher Industrie- und Handelskammertag, 2009, S. 7)
[105] (Institut für Mittelstandsforschung Bonn, Frühjahr 2010, S. 29)
[106] (F.A.Z. Institut, 2009, S. 5)
[107] (F.A.Z. Institut, 2009, S. 6)
[108] (Institut für Mittelstandsforschung Bonn, Frühjahr 2010, S. 28)

Ein weiteres Hemmnis, das für die Unternehmen von relativ großer Bedeutung war, ist eine unzureichende Innovationskultur (45,9 %).[109] Dies bezieht sich in erster Linie auf eine ungenügende Verankerung des innovativen Gedankens in der Unternehmung.

Auch in der Krisenzeit scheint das Problem an qualifiziertes Personal zu kommen ein nicht zu vernachlässigendes Innovationshemmnis gewesen zu sein.
Dass ein Fachkräftemangel nur für ein Drittel ein Hindernis darstellte Neuentwicklungen auf den Weg zu bringen,[110] könnte möglicherweise an der innerbetrieblichen Verlagerung von Kapazitäten gelegen haben. In den Abteilungen wo krisenbedingt weniger Betrieb herrschte, war es möglich Personal abzuziehen und in die Entwicklungsbereiche umzuschichten.[111] Wichtig sind die Mitarbeiter nicht nur bei der Umsetzung der Innovationsvorhaben, sondern auch bei der Generierung neuer Ideen.[112]

Eine fehlende Kooperation in unternehmensübergreifenden Netzwerken (18,9 %) oder mit externen Forschungseinrichtungen (13,5 %) beklagten nur wenige.[113]
Auch bürokratische Hindernisse, wie z. B. lange und umständliche Zulassungsverfahren sowie einen schlechten Zugang zu öffentlichen Fördergeldern, hat nur einer von zehn Betrieben als Behinderung angegeben.[114]
Ein verschwindend geringes Hindernis, um Innovation auf den Weg zu bringen, stellten politische Rahmenbedingungen dar.[115]

---

[109] (F.A.Z. Institut, 2009, S. 6)
[110] (F.A.Z. Institut, 2009, S. 6)
[111] (Institut für Mittelstandsforschung Bonn, Herbst 2009, S. 22)
[112] (Institut für Mittelstandsforschung Bonn, Frühjahr 2010, S. 26)
[113] (F.A.Z. Institut, 2009, S. 6)
[114] (F.A.Z. Institut, 2009, S. 6)
[115] (F.A.Z. Institut, 2009, S. 6)

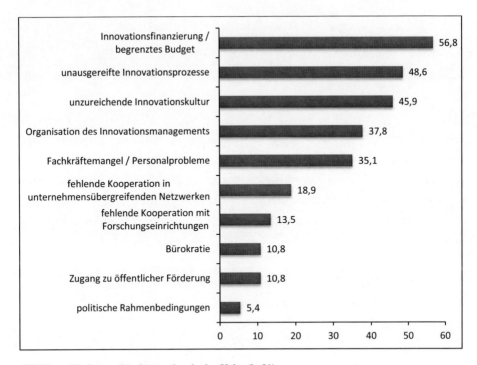

Abbildung 23: Innovationshemmnisse in der Krise (in %)
Quelle: (F.A.Z. Institut, 2009, S. 6)

2.3.5 Bedeutung von Innovationsaktivitäten

Im Vorfeld des Konjunkturrückgangs hatten alle, ohne Ausnahme, einer Stärkung der Innovationstätigkeiten zugestimmt – über 90 % hatten sogar ihre volle Zustimmung gegeben.[116]

Sogar während der zurückliegenden Wirtschaftskrise wurde einer Stärkung der Innovationstätigkeiten eine hohe Wertschätzung beigemessen. So waren es immer noch acht von zehn Unternehmen, die einen Ausbau ihrer Innovationsanstrengungen als notwendig erachteten. Es kam lediglich zu einer Veränderung der Stimmenverteilung. So war es in der Rezession nur noch die Hälfte der Unternehmen die einer Stärkung der Innovationstätigkeiten vollständig beipflichteten.[117]

Die Ursache dafür wird darin gesehen, dass die Betriebe ihr Hauptaugenmerk in wirtschaftlich schwierigen Zeiten eher auf andere Aufgaben, wie z. B. das Kostenmanagement, legen.[118]

Bei einem neuerlichen Aufschwung haben die Unternehmen dem Werkzeug Innovation eine leicht gesteigerte Bedeutung beigemessen (83,8 %). Dementsprechend pflichteten zwei Drittel der untersuchten Betriebe der Aussage, dass eine Stärkung der Innovationstätigkeit nach der Krise das richtige Werkzeug sei, vollkommen bei.[119]

---

[116] (F.A.Z. Institut, 2009, S. 3)
[117] (F.A.Z. Institut, 2009, S. 3)
[118] (Institut für Mittelstandsforschung Bonn, Herbst 2009, S. 22)
[119] (F.A.Z. Institut, 2009, S. 3)

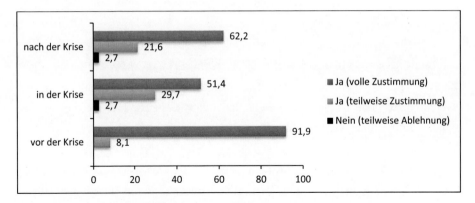

Abbildung 24: Ist eine Stärkung der Innovationstätigkeit das richtige Werkzeug vor, in und nach der Krise? (in %)
Quelle: (F.A.Z. Institut, 2009, S. 3)

Die Analyse zeigt, dass Innovationen konjunkturunabhängig als wichtiges Werkzeug angesehen werden.[120] Jedoch ist zu erkennen, dass in Zeiten, in denen die Konjunktur schwächer ist, die Bedeutung leicht abnimmt.

Abgeschlossen wird dieses Kapitel mit einem Ausblick für die Jahre nach der Rezession. Wie bereits zuvor beschrieben, haben die Unternehmen angegeben, dass nach der Überwindung des wirtschaftlichen Tiefs die Wertschätzung von Innovationen wieder leicht zunehmen wird.

---

[120] (F.A.Z. Institut, 2009, S. 3)

2.4 Zwischenfazit I

In diesem Abschnitt fasst der Autor die Ergebnisse aus *Kapitel 2.2* und *2.3* zusammen. Die hier niedergeschriebenen Erkenntnisse wurden bereits in den zuvor genannten Abschnitten anhand von Quellenangaben, welche hier nicht noch einmal extra aufgeführt werden, beleget.

Die Unternehmen wurden fast ausnahmslos von der Rezession getroffen. Dementsprechend hatte man branchenübergreifend Beschäftigungs- und Umsatzrückgänge zu verzeichnen.
Dass die Anzahl der Beschäftigten nicht in demselben Ausmaß wie der Umsatz abgenommen hat, lag möglicherweise daran, dass die Betriebe versuchten qualifizierte Mitarbeiter zu halten.

Trotz der schlechten Geschäftsentwicklung wird Innovationen gerade auch in Krisenzeiten ein hoher Stellenwert beigemessen. Der leichte Werteverlust in der Rezession könnte damit begründet werden, dass andere Aufgaben, wie Risiko- oder Kostenmanagement, in den Vordergrund gerückt sind.
Die große Bedeutung von Innovationsaktivitäten spiegelte sich in erster Linie in einer gesteigerten Innovationstätigkeit der Unternehmen wider. Das gleiche Bild zeigte sich bei den Investitionen im Bereich der Neuentwicklungen. Die Hälfte erhöhte die Ausgaben, wohingegen nur eine Minderheit weniger Mittel für Innovationen zur Verfügung stellte.
Die Begründung für diesen Trend sieht der Verfasser in dem Streben, bei einem neuerlichen Aufschwung mit neuen Produkten in den Markt drängen zu können.

Dass diese gesteigerten Bemühungen nicht umsonst gewesen sind, wurde mit Hilfe einer Regressionsanalyse bestätigt. Innovationen hatten demnach sowohl auf die Beschäftigung als auch auf den Umsatz einen positiven Einfluss.
Untermauert wird diese Erkenntnis durch die Tatsache, dass vor allem Unternehmen mit kontinuierlichen F&E-Aktivitäten ein stärkeres Umsatz- und Beschäftigungswachstum verzeichnen konnten. Gelegentlich F&E-treibende Betriebe konnten in der Krise zumindest ihre Beschäftigungsentwicklung positiv beeinflussen.

Noch bessere Effekte verhinderten diverse Innovationshemmnisse. Insbesondere die Innovationsfinanzierung spielte dabei eine gewichtige Rolle. Härtere Risikoprüfungen der Banken oder auch eine geschmälerte Eigenkapitalbasis erschwerten gezielte Investitionen.

Beklagt wurden ebenfalls unausgereifte Innovationsprozesse oder eine schlechte Organisation des eigenen Innovationsmanagements. Dies sind Anzeichen für eine zu lange Umsetzungsdauer von Neuentwicklungen.

Eine weitere Hürde stellte der Fachkräftemangel dar. Dieser fiel jedoch nicht so stark ins Gewicht, da dieses Problem, krisenbedingt, unternehmensintern gelöst werden konnte.

Es war möglich Personal zwischen den verschiedenen Abteilungen auszutauschen und somit den Bedarf an Mitarbeitern bestmöglich auszugleichen.

Für die Phase nach der Rezession prognostizierten die Betriebe eine gesteigerte Bedeutung von Innovationstätigkeiten.

Was ihre Geschäftsentwicklung für die Zeit nach der Krise angeht, waren die Unternehmen überwiegend optimistisch. Verantwortlich waren dafür nicht zuletzt die äußerst positiven Auswirkungen von Innovationen sowie kontinuierlichen und gelegentlichen F&E-Aktivitäten.

3 Empirische Untersuchung

In diesem Kapitel befasst sich der Autor mit der Überprüfung der in *Kapitel 2* getroffenen Aussagen.

3.1 Fragebogen

Nachfolgend geht der Verfasser auf das Durchführungsinstrument der empirischen Untersuchung ein. Dabei handelt es sich um einen Fragebogen.

3.1.1 Wichtige Merkmale

Zur Erstellung des Fragebogens werden tiefenpsychologische Ansätze fast komplett außer Acht gelassen. Lediglich zur Auswahl einer geeigneten Skala und zur Begründung, weshalb der Verfasser geschlossene Fragen bevorzugt, wird Fachliteratur herangezogen. Da es sich im Rahmen dieser Arbeit um eine statistische Datenerhebung handelt, sind allein die für dieses Thema relevanten Informationen durch den Fragebogen zu ermitteln. Mögliche Kontrollfragen zur Überprüfung der Befragten oder andere theoretische Hilfsmittel werden nicht angewendet. Der Fragebogen wird vor allem mit den Kenntnissen generiert, die im Studium zu diesem Thema erworben wurden.

In der Regel werden geschlossene Fragen verwendet, bei welchen den Teilnehmern ausgesuchte Antwortmöglichkeiten vorgegeben werden (vgl. *Frage 5*). Somit können die befragten Unternehmen besser miteinander verglichen werden.[121]

Ergänzend gibt es im Fragebogen eine offene Frage (vgl. *Frage 6*). Hier können die untersuchten Betriebe eigene Einschätzungen zur Krise und zum Innovationsmanagement preisgeben.

Zur Begründung, weshalb ausgewählte Fragen (vgl. *Frage 11*) nur vier anstatt der im Fragebogen sonst üblichen fünf Antwortmöglichkeiten haben, wird Fach-

---

[121] (Atteslander & Cromm, 2003, S. 165)

literatur herangezogen. Eine Skala mit einer geraden Anzahl an Werten hat den Vorteil, dass sich die Befragten nicht für die „sichere" Mitte entscheiden können. So wird versucht, die allgemeine Tendenz zu neutralen Antworten zu eliminieren. Zudem werden die Firmen durch die fehlende Möglichkeit eine neutrale Antwort zu geben, dazu veranlasst klare Aussagen zu machen.[122]

Lediglich bei Fragen, deren Antwortmöglichkeiten einen Mittelwert verlangen, wird auf eine ungerade Skala mit fünf Werten zurückgegriffen. Dies ist sinnvoll, wenn nach zahlenmäßigen Veränderungen gefragt wird (vgl. *Frage 14*). Dann besteht immer die Möglichkeit, dass alles beim Alten bzw. konstant geblieben ist. Um dies anzugeben benötigt man einen fünften Skalenwert, den sogenannten Mittelwert.[123]

3.1.2 Aufbau

Zuerst werden unter dem Punkt *Allgemein* die generellen Daten der Betriebe abgefragt, um die Unternehmen in Kategorien einordnen zu können. Hierzu zählen der Umsatz und die Mitarbeiteranzahl. Für eine bessere Einordnung wählt der Autor hier schon vorgegebene Umsatz- bzw. Beschäftigungsbereiche. Diese sollen den Befragten das Antworten erleichtern und ihnen einen gewissen Teil an Intimität zusichern, da sie so die genauen Unternehmensdaten nicht direkt preisgeben müssen. Die Bewertungsklassen (z. B. 20 - 49 Mitarbeiter) werden durch Schätzungen des Autors bestimmt.

Im Kapitel *Betroffenheit von der Krise* sollen die Teilnehmer des Interviews Auskünfte über deren Situation während und nach der Rezession geben. Zudem soll anhand dieses Frageblocks ermittelt werden, ob das Unternehmen gestärkt bzw. geschwächt aus der Krise hervorgehen konnte und welche Gründe dafür den Ausschlag gegeben haben (vgl. *Frage 5*). Darüber hinaus erhofft sich der Verfasser in diesem Kapitel herauszufinden, welche wichtigen Erfahrungen die Teilnehmer gemacht haben und welche Schlüsse daraus, für das gesamte Unternehmen und in Bezug auf das Innovationsmanagement, gezogen wurden (vgl. *Frage 6*).

---

[122] (Paier, 2010, S. 68)
[123] (Paier, 2010, S. 68)

Mit Hilfe des Themengebiets *Innovationshemmnisse und -chancen* versucht der Autor die Gründe zu identifizieren, welche die Unternehmen maßgeblich daran gehindert haben, während des konjunkturellen Tiefs Innovationen durchzuführen (vgl. *Frage 7*). Im Gegensatz dazu sollen jedoch auch die durch die Krise ermöglichten Chancen, bezüglich der Innovationsfähigkeit einer Unternehmung, erkannt werden (vgl. *Frage 8*).

Ob die Teilnehmer der Umfrage im Innovationsbereich Kooperationen mit externen Einrichtungen eingehen, soll durch den kleinen Frageblock *Kooperation* ermittelt werden (vgl. *Frage 9*).

Im Bereich *Entwicklung des Innovationsmanagements* soll ermittelt werden, inwieweit sich der Umgang mit Innovationen in der Krise verändert hat. Hierzu werden die Unternehmen nicht nur danach gefragt, wie wichtig Innovationen für sie in der Rezession waren, sondern auch welche Bedeutung der Innovationsaktivität vor und nach der Krise beigemessen wird (vgl. *Frage 11*). Zusätzlich soll erfragt werden, wie sich das Engagement im Innovationsbereich während dieser Phase veränderte und durch welche Faktoren sich dies geäußert hat (vgl. *Frage 12*). Im Rahmen dieser Kategorie werden außerdem auf das Innovationsmanagement bezogene Beschäftigungs- und Umsatzkennzahlen abgefragt (vgl. *Frage 14* und *Frage 15*). Mit diesen Kennzahlen soll untersucht werden, ob sich das in *Frage 12* angegebene Engagement im Innovationsbereich auch in Daten und Fakten widerspiegelt.

Durch die Kategorie *Innovationsarten* wird versucht festzustellen, welche unterschiedlichen Typen von Innovationen durchgeführt worden sind (vgl. *Frage 16*). Dadurch soll herausgefunden werden, welche Innovationen zur Krisenbewältigung eingesetzt wurden. Unter diesem Punkt wird zudem erfragt, auf welche Produktinnovationsarten sie sich konzentrieren (vgl. *Frage 18*) und welchen Umsatzanteil sie mit Marktneuheiten, sprich kompletten Neuentwicklungen, erzielen (vgl. *Frage 17*). So soll geklärt werden, ob es sich bei den befragten KMU um ein auf Innovationen ausgelegtes Unternehmen handelt.

Im vorletzten Bereich *F&E-Aktivitäten* befindet sich lediglich die *Frage 19*. Durch sie versucht der Autor zu erörtern, welche F&E-Anstrengungen die Betriebe zur Neuentwicklung von Prozessen und Produkten betreiben.

Die Darstellung der Unternehmensentwicklung während der Krise wird durch das letzte Fragengebiet abgedeckt. Hierzu werden die Teilnehmer des Interviews zur Entwicklung des Umsatzes und der Beschäftigung befragt (vgl. *Frage 20* und *Frage 21*).

3.2 Methodik

Die Umfrage wird in Form eines Interviews durchgeführt. Das hat den Vorteil, dass persönliche Eindrücke in die Bewertung besser miteinfließen können. So kann erreicht werden, dass die Teilnehmer sich für die Beantwortung der Fragen mehr Zeit nehmen. Zudem ist es möglich den befragten Personen im Laufe des Gesprächs nützliche Zusatzinformationen zu entlocken, welche man in einer rein schriftlichen Befragung nie preisgeben würde. Ein weiterer Vorteil ist es, dass die einzelnen Fragen mit den Unternehmensvertretern durchgegangen werden können und so die Möglichkeit besteht, eventuelle Verständnisprobleme zu klären.[124]

Die Tatsache, dass der Verfasser zwei Probanden persönlich besucht und drei davon telefonisch befragt, spielt nur eine untergeordnete Rolle. Alle fünf Interviews fallen hier unter die Kategorie „persönlicher Kontakt". Um eine nahezu identische Befragungssituation entstehen zu lassen, wird zur Durchführung des Telefoninterviews der Fragebogen schon im Vorfeld elektronisch zur Verfügung gestellt.

Die Dauer des Interviews wird durch die 21 Fragen auf maximal 25 Minuten begrenzt. Durch die nahezu ausschließliche Verwendung von geschlossenen Fragen wird die Befragung kurzweilig und schnell durchführbar. Somit beträgt der zeitliche Rahmen eher 15 Minuten. Die zuvor veranschlagten 25 Minuten stellen lediglich eine absolute Obergrenze dar.[125]

---

[124] (Skulschus & Wiederstein, 2009, S. 158 f.)
[125] (Paier, 2010, S. 101)

3.3 Die Unternehmen

3.3.1 Kontaktaufnahme

Insgesamt werden 14 Unternehmen aus den Landkreisen Zollernalb und Sigmaringen per E-Mail angeschrieben. Dabei verfasst der Autor eine Standard-E-Mail, die an elf potentielle Teilnehmer geschickt wird. Um die drei am Wohnort des Verfassers ansässigen Betriebe zu kontaktieren, wird ein gesondertes Schreiben erstellt, in welchem speziell darauf hingewiesen wird, dass der Autor aus derselben Gemeinde wie der Betrieb stammt. Dadurch wird versucht einen engeren Bezug herzustellen, um im Umkehrschluss eine positive Rückmeldung zu erhalten.

Nur vier der insgesamt 14 Angeschriebenen reagieren auf die Anfrage – drei Antworten sind davon positiv. Aufgrund der geringen Resonanz beschließt der Autor die restlichen Betriebe telefonisch zu kontaktieren. Auch hier ist die Ausbeute eher dürftig. Lediglich zwei weitere Unternehmen erklären sich dazu bereit an der Umfrage teilzunehmen. Die Gründe für eine Absage sind stets dieselben. Man habe leider keine Zeit, weil das Krisenmanagement zu viele Ressourcen binden würde oder weil es keinen passenden Ansprechpartner gäbe. Dies sind möglicherweise aber auch nur vorgeschobene Herbeiführungen, um keine Zeit mit einer „sinnlosen" Umfrage verschwenden zu müssen.

3.3.2 Teilnehmer

Die Entscheidung fällt somit auf die fünf KMU:

- *Helmut Diebold GmbH & Co.*,
- *RIDI Leuchten GmbH*,
- *Rumpel Präzisionstechnik*,
- *Gebrüder Frei GmbH & Co.* und
- *SMS Maschinenbau GmbH*.

Die Unternehmen *Helmut Diebold GmbH & Co.* und *RIDI Leuchten GmbH* werden persönlich besucht.

Bei der *SMS Maschinenbau GmbH*, der *Gebrüder Frei GmbH & Co.* und *Rumpel Präzisionstechnik* werden Telefoninterviews durchgeführt.

Alle teilnehmenden Betriebe können durch die Charakterisierung anhand ihrer Angaben zu jährlichem Umsatz und Anzahl an beschäftigten Mitarbeiter dem Mittelstand, genauer noch den KMU, zugeordnet werden.[126]

---

[126] Ergebnis von Fragen 1 und 2 des Interviews

3.4 Auswertung

Die Ergebnisse der einzelnen Fragen werden nachfolgend dargestellt. Um einen besseren Überblick gewährleisten zu können, werden die Umfrageresultate sinngemäß in verschiedene Abschnitte gegliedert.

3.4.1 Innovationsmanagement der Unternehmen

In diesem Kapitel befasst sich der Autor mit dem Innovationsmanagement der Umfrageteilnehmer. Durch diesen kurzen Überblick soll in Erfahrung gebracht werden, wie die KMU bei der Entwicklung neuer Produkte und Prozesse verfahren.

Zuerst wirft der Autor einen Blick auf die F&E-Aktivität der Unternehmen (vgl. *Abbildung 25*). Lediglich eine von fünf Firmen betreibt zum Zeitpunkt der Umfrage keine F&E-Anstrengungen. Jeweils zwei engagieren sich gelegentlich bzw. kontinuierlich in diesem Bereich.

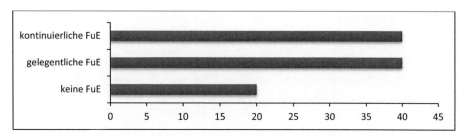

Abbildung 25: Welche F&E-Anstrengungen betreiben Sie in Ihrem Unternehmen, bezogen auf die Neuentwicklung von Produkten und Prozessen? (in %)
Quelle: eigene Abbildung: Ergebnis von Frage 19 des Interviews

Die Tatsache, dass nur jeder fünfte Betrieb einen festgelegten Verantwortlichen für Innovationen vorweisen kann, lässt auf keine allzu starke Verankerung des innovativen Gedankens im Unternehmensleitbild schließen (vgl. *Abbildung 26*).

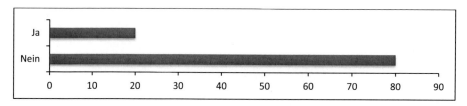

Abbildung 26: Gibt es in Ihrem Unternehmen spezielle Innovationsbeauftragte? (in %)
Quelle: eigene Abbildung: Ergebnis von Frage 10 des Interviews

Aus den Gesprächen mit den Unternehmensvertretern geht hervor, dass Ideen für Verbesserungsvorschläge oder Innovationen eher spontan entstehen. Das Personal wird zwar dazu angehalten ständig wachsam zu sein und etwaiges Potential für Neuerungen zu erkennen, eine systematische Förderung gibt es jedoch kaum. Hat ein Mitarbeiter einen innovativen Gedanken, so wird dieser auf Tauglichkeit geprüft. Wird der Einfall als sinnvoll angesehen, so erfolgt die Umsetzung. Spezifisch bestimmt man für jedes Innovationsprojekt anschließend einen Verantwortlichen. Dieser Projektleiter ersetzt für die Zeitspanne, welche für die Neuentwicklung veranschlagt wird, den speziellen Innovationsbeauftragten.[127]

Entscheiden sich die befragten Unternehmen für die Umsetzung einer Produktinnovation, so konzentriert man sich in der Regel darauf etwas grundlegend Neues zu entwickeln und sich nicht an der Konkurrenz zu orientieren (vgl. *Abbildung 27*). Demzufolge stehen in den Betrieben die Marktneuheiten und die Sortimentsneuheiten deutlich vor den Nachahmerinnovationen.[128]

---

[127] Ergebnis von Frage 10 des Interviews (Unternehmen E)
[128] (ZEW Mannheim, 2010, S. 7)
   Definition: Marktneuheiten, Sortimentsneuheiten und Nachahmerinnovationen

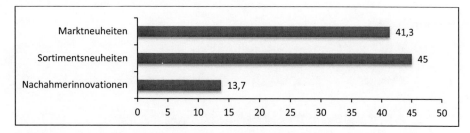

Abbildung 27: Auf welchen Produktinnovationstyp konzentrieren Sie sich am meisten und in welchem Verhältnis stehen diese zueinander? (in %)
Quelle: eigene Abbildung: Ergebnis von Frage 18 des Interviews

Nur zwei der fünf Teilnehmer arbeiten zur Unterstützung ihrer Forschungsarbeit mit externen Einrichtungen zusammen. Dabei sind es gerade die kleineren Unternehmen, die nicht auf Fremdleistungen zurückgreifen, obwohl diese Betriebe aufgrund ihrer Größe und verfügbaren Kapazitäten durchaus Hilfestellung von außen gebrauchen könnten.

Als Grund wird die Skepsis gegenüber den externen Dienstleistern genannt. Aus Angst vor einem Know-how-Verlust verschließt man sich gegenüber Dritten. Ein Teilnehmer berichtet davon, den Schritt nach draußen aufgrund von Kapazitätsproblemen gewagt zu haben. Zu Beginn sei alles reibungslos verlaufen, auch die Ergebnisse seien zufriedenstellend gewesen. Nach Beendigung der Zusammenarbeit seien die Forschungserfolge und das eingebrachte Know-how jedoch nicht vertraulich behandelt worden.[129]

---

[129] Ergebnis von Frage 9 des Interviews (Unternehmen A)

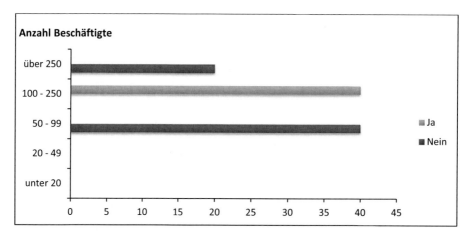

Abbildung 28: Arbeiten Sie mit wissenschaftlichen Institutionen oder anderen externen For-schungseinrichtungen zusammen? (in %)
Quelle: eigene Abbildung: Ergebnis von Frage 9 des Interviews

Das Misstrauen gegenüber Kooperationspartnern spiegelt sich auch in dem Ver-hältnis von interner zu externer Leistung am Innovationsprozess wider (vgl. *Abbildung 29*). So beschränken die Unternehmen fremdvergebene For-schungsarbeiten auf ein Minimum.

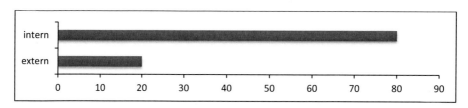

Abbildung 29: Wenn ja, wie ist dann das Verhältnis von internen zu externen Leistungen am Inno-vationsprozess? (in %)
Quelle: eigene Abbildung: Ergebnis von Frage 9 des Interviews

Diejenigen, welche auf fremde Hilfe zurückgreifen (vgl. *Abbildung 28*), begrün-den ihre Entscheidung mit fehlenden Kapazitäten innerhalb des Unternehmens. Manch grundlegende Entwicklung sei ohne externe Unterstützung einfach nicht zu bewältigen.[130]

---

[130] Ergebnis von Frage 9 des Interviews (Unternehmen E)

3.4.2 Auswirkungen der Krise

Die Rezession hat bei den Teilnehmern tiefe Spuren hinterlassen. Zu diesem Entschluss kommt der Verfasser nach Anblick von *Abbildung 30*. Demnach wurden alle ohne Ausnahme „stark" bis „sehr stark" von der Krise erfasst.

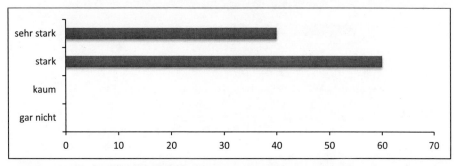

Abbildung 30: Wie stark wurde Ihr Unternehmen von der Krise getroffen? (in %)
Quelle: eigene Abbildung (Ergebnis von Frage 3 des Interviews)

Infolgedessen hatten alle Betriebe eine negative Entwicklung des Umsatzes zu verzeichnen. Zu diesem Urteil kommt man durch die Betrachtung von *Abbildung 31*.

Bisweilen erwähnen Interviewpartner sogar einen Umsatzeinbruch von bis zu 50 %. Als Ursache wird hauptsächlich ein Ausbleiben von neuen Aufträgen angeführt.[131]

---

[131] Ergebnis von Frage 20 des Interviews (Unternehmen A und E)

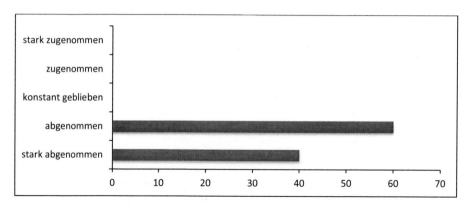

Abbildung 31: Wie hat sich der Umsatz in Ihrem Unternehmen während der Krise entwickelt? (in %)
Quelle: eigene Abbildung: Ergebnis von Frage 20 des Interviews

Jedoch nicht nur der Umsatz, sondern auch die Beschäftigung hat als Folge des wirtschaftlichen Abschwungs abgenommen (vgl. *Abbildung 32*). Eines der fünf Unternehmen musste die Belegschaft sogar erheblich reduzieren.

Dass 80 % ihren Bestand an Angestellten nur relativ geringfügig abbauen mussten, lag mitunter an dem Versuch qualifizierte Fachkräfte nicht zu verlieren.

Eine praktizierte Lösung des Problems stellte unter anderem die betriebsinterne Verlagerung von Personal dar (vgl. *Abbildung 43*).[132]

---

[132] Ergebnis von Frage 8 des Interviews (Unternehmen E)

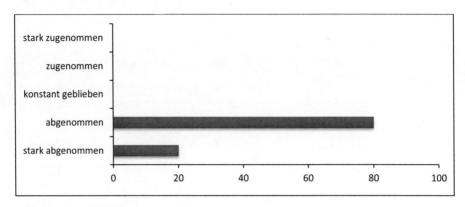

Abbildung 32: Wie hat sich die Beschäftigung in Ihrem Unternehmen während der Krise entwickelt? (in %)
Quelle: eigene Abbildung: Ergebnis von Frage 21 des Interviews

Zudem ist aus den Gesprächen, bezüglich der Verringerung der Mitarbeiterzahl, herauszuhören, dass schlechte Mitarbeiter unter dem Deckmantel der Wirtschaftskrise entlassen wurden. Leistungsfähiges und verdientes Personal wurde versucht so lange wie nur möglich zu halten. Die qualifizierten Beschäftigten, welche im Zuge der Regression beurlaubt werden mussten, bekamen, nachdem sich das Unternehmen wieder erholt hatte, eine neue Chance und wurden wieder eingestellt.[133]

3.4.3 Innovationen in der Krise

3.4.3.1 Innovationsmanagement

Die Wichtigkeit des Innovationsmanagements bei der Krisenbewältigung ist verglichen mit den anderen drei elementaren Managementaufgaben eher als gering einzuschätzen (vgl. *Abbildung 33*).

Betrachtet man den Umgang mit Innovationen gesondert von den anderen drei Bereichen, dann wird alles in ein etwas anderes Licht gerückt. Der Grund dafür wird durch das Hinzuziehen der F&E-Aktivität (vgl. *Frage 19*) geliefert. Bezieht man sich auf die schlechteste Wertung, welche das *Unternehmen A* dem Innovationsmanagement zukommen lässt („keine" Bedeutung), so wird schnell klar,

---

[133] Ergebnis von Frage 21 des Interviews (Unternehmen E)

dass diese Firma keine eigene F&E betreibt.[134] Da dieses Unternehmen sowohl in der Rezession, als auch zum Befragungszeitpunkt keinerlei eigene F&E-Aktivitäten aufweisen kann, spielte das Innovationsmanagement keine Rolle.

Berücksichtigt man diese negative Einschätzung jetzt nur noch unter Vorbehalt, dann fällt das Ergebnis des Innovationsmanagements weitaus positiver aus.

So Messen dem Umgang mit Neuentwicklungen doch immerhin zwei der fünf Teilnehmer eine „hohe" und ein Betrieb sogar eine „sehr hohe" Bedeutung zu.

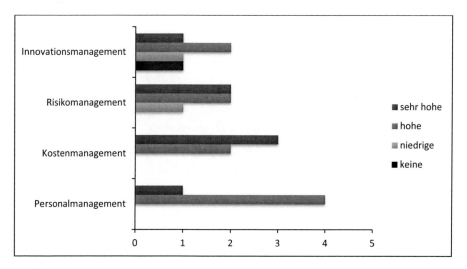

Abbildung 33: Welche Bedeutung hatten die folgenden Managementaufgaben bei der Krisenbewältigung? (in %)
Quelle: eigene Abbildung: Ergebnis von Frage 13 des Interviews

Eine weitere Erkenntnis, die man *Abbildung 33* abgewinnen kann, ist die hohe Bedeutung des Personalmanagements. Den Gesprächen mit den Unternehmen ist zu entnehmen, dass es gerade in der zurückliegenden wirtschaftlichen Regression wichtig war qualifizierte Fachkräfte zu halten und so gut es ging innerhalb des Betriebes umzuschichten (vgl. *Abbildung 43*).

Kommen wir nun zu den bereits zuvor erwähnten Ausgaben für Innovationen zurück. Betrachtet man die vergangene Krisenzeit und bezieht diese Investitionen

---

[134] Ergebnis von Frage 19 des Interviews(Unternehmen A)

für Neuentwicklungen auf die Gesamtausgaben einer Unternehmung, dann wird der hohe Stellenwert des Innovationsmanagements bei der Krisenbewältigung noch deutlicher (vgl. *Abbildung 34*). Alle Unternehmen, bis auf denjenigen Betrieb, welcher dem Innovationsmanagement keinerlei Bedeutung bei der Krisenbewältigung beigemessen hatte, haben trotz des wirtschaftlichen Abschwungs die Innovationsausgaben in Bezug auf die Gesamtausgaben erhöht.[135]

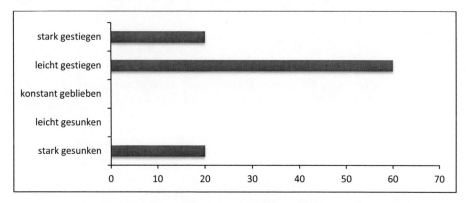

Abbildung 34: Wie haben sich die Ausgaben für Innovationen, bezogen auf die Gesamtausgaben,
im Zuge der Wirtschaftskrise entwickelt? (in %)
Quelle: eigene Abbildung: Ergebnis von Frage 15 des Interviews

Ein ähnliches Bild zeigt sich beim Personal im Innovationsbereich (vgl. *Abbildung* 35). Ohne Ausnahme verzichtete man auf einen Beschäftigungsabbau. Zwei Firmen haben ihre Mitarbeiteranzahl sogar leicht gesteigert. Das Erstaunliche dabei ist, dass alle Betriebe, bezogen auf das gesamte Unternehmen, Stellen abgebaut haben (vgl. *Abbildung 32*). Dies spiegelt die wichtige Rolle des Innovationsmanagements wider.

---

[135] Ergebnis von Frage 15 des Interviews (Unternehmen A)

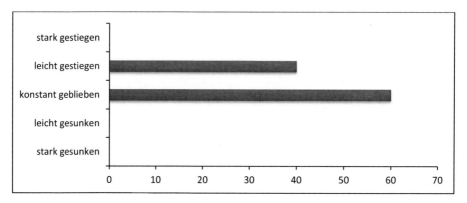

Abbildung 35: Wie hat sich die Beschäftigtenzahl im Bereich Innovationsmanagement während der Krise entwickelt? (in %)
Quelle: eigene Abbildung: Ergebnis von Frage 14 des Interviews

3.4.3.2 Innovationstätigkeit

Anhand von *Abbildung* 36 lässt sich ein konjunkturunabhängig hoher Stellenwert von Innovationen ausmachen. Vergleicht man die Bedeutung von Innovationstätigkeiten vor und in der Krise, dann wird schnell klar, dass die Beschäftigung mit Neuentwicklungen in der schlechten Konjunkturphase einen leichten Wertegewinn verzeichnen konnte.

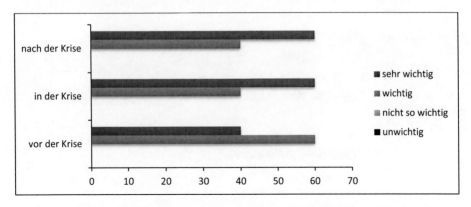

Abbildung 36: Für wie wichtig erachten Sie rege Innovationsaktivitäten bzw. das Werkzeug Innovation vor, in und nach der Krise? (in %)
Quelle: eigene Abbildung: Ergebnis von Frage 11 des Interviews

Für eine umfassendere Untersuchung der Thematik bezieht der Autor die Aktivität im Innovationsbereich mit ein (vgl. *Abbildung 37*). Jeweils zwei Teilnehmer haben ihre Bemühungen hier „stark erhöht" bzw. „konstant gehalten". Lediglich eine Firma gibt an, dass sie die Anstrengungen stark eingedämmt hat. Hier handelt es sich um das schon zuvor in *Abschnitt 3.4.3.1* erwähnte *Unternehmen A*. Wie bereits bekannt, spielte das Innovationsmanagement bei der Krisenbewältigung hier keine Rolle.[136]

Eine interessante Beobachtung macht der Verfasser beim Vergleich der Ergebnisse für *Frage 11* (vgl. *Abbildung 36*) und *Frage 12* (vgl. *Abbildung 37*). Daraus kann abgeleitet werden, dass diejenigen, welche Innovationen in der zurückliegenden Rezession für „sehr wichtig" empfunden haben (*Unternehmen D* und *E*), im Umkehrschluss auch ihr Engagement im Innovationsbereich „stark erhöht" haben.[137]

---

[136] Ergebnis von Frage 13 (Unternehmen A)
[137] Vergleich der Ergebnisse von Frage 11 und Frage 12 (Unternehmen D und E)

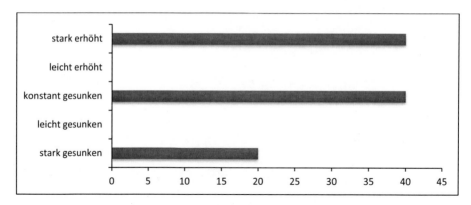

Abbildung 37: Wie hat sich das Engagement im Innovationsbereich Ihres Unternehmens in der Krise entwickelt? (in %)
Quelle: eigene Abbildung: Ergebnis von Frage 12 des Interviews

Die beiden Betriebe, welche ihre Innovationsaktivitäten steigerten, gaben an, dies vor allem durch eine verstärkte Kooperation mit Dritten erreicht (vgl. *Abbildung 38*) zu haben. Sowohl mit den eigenen Kunden und Lieferanten als auch mit externen Forschungseinrichtungen wurde intensiver zusammengearbeitet. Zusätzlich wurde eine schnellere Markteinführung von Produkten als elementar angesehen. Ein Unternehmen hat sein Engagement neue Entwicklungen voranzutreiben durch den Einsatz von zusätzlichem Personal erhöht.

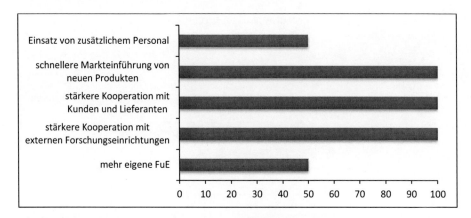

Abbildung 38: Faktoren, durch welche sich das Engagement erhöht hat (in %)
Quelle: eigene Abbildung: Ergebnis von Frage 12 des Interviews

Dass die interviewten Betriebe auch während des wirtschaftlichen Abschwungs sehr innovativ waren, zeigt *Abbildung 39*. Vier der fünf Firmen haben in den vergangenen drei Jahren neue Produkte auf den Markt gebracht. Allein das besagte *Unternehmen A*, welches sich währende der Krise bekanntlich nicht in der Forschung betätigte,[138] brachte in dieser Zeitspanne keine Neuentwicklung hervor.

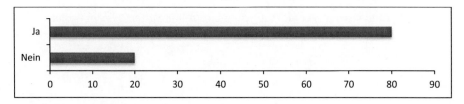

Abbildung 39: Haben Sie in den letzten 3 Jahren Neuentwicklungen eingeführt? (in %)
Quelle: eigene Abbildung: Ergebnis von Frage 17 des Interviews

Im Schnitt führten diese vier Betrieb innerhalb der letzten drei Jahre sieben Produktinnovationen ein. Genauso beeindruckend ist der Umsatz, welcher mit diesen Fabrikaten erzielt wird. Am Gesamtumsatz der innovierenden Unternehmungen macht dieser 32,5 % aus.[139]

---

[138] Ergebnis von Frage 19 (Unternehmen A)
[139] Ergebnis von Frage 17 des Interviews

Diese beiden Kennzahlen verdeutlichen die große Bedeutung von Innovationsaktivitäten.

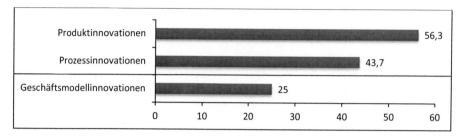

Abbildung 40: Welche Arten von Innovationen führten Sie in der Krise durch und in welchem Verhältnis standen diese zueinander? (in %)
Quelle: eigene Abbildung: Ergebnis von Frage 16 des Interviews

Abschließend untersucht der Verfasser, welche Innovationstypen während der Rezession durchgeführt wurden. Das Hauptaugenmerk lag ganz klar auf den Produktinnovationen (56,3 %), dicht gefolgt von Prozessinnovationen (43,7 %). Eine strategische Neuausrichtung in Form einer Geschäftsmodellinnovation wurde nur von einem der vier forschenden Unternehmen umgesetzt.

Der Autor schließt daraus, dass sich die Teilnehmer in wirtschaftlich schwierigen Zeiten eher auf die „gewöhnlichen" Neuentwicklungen konzentrieren und nicht unbedingt grundlegende Veränderungen in ihrem Innovationssystem wagen.

3.4.3.3 Krisenbewältigung und Innovationen

In diesem Abschnitt beschäftigt sich der Autor mit der Frage, inwieweit Innovationen den Betrieben bei ihrem Weg aus der Krise geholfen haben. Dabei handelt es sich um ein zentrales Thema der Arbeit.

Vier der fünf Unternehmen geben an gestärkt aus der schwierigen Konjunkturphase hervorgegangen zu sein. Ein Teilnehmer ist geteilter Ansicht. Bei ihm halten sich die positiven und negativen Gründe die Waage.[140]

Wertet man die Antworten für *Frage 5.1* aus, so kann man unschwer erkennen, dass Innovationen einen wesentlichen Teil zu einer optimistischen Geschäftserwartung beigetragen haben (vgl. *Abbildung 41*). Dies bestätigen drei der fünf Interviewteilnehmer mit ihren Antworten. Diese Unternehmen konnten, ihren Angaben zufolge, nach der Krise mit Hilfe von neuen Produkten aggressiv in den veränderten Markt drängen und sich so Vorteile gegenüber Konkurrenten verschaffen.

Darüber hinaus hatten Innovationen auch einen positiven Effekt auf die Beschäftigung.[141] So war es möglich qualifizierte Fachkräfte zu halten und einen noch drastischeren Stellenabbau zu vermeiden. Dies gelang vor allem durch eine innerbetriebliche Personalverlagerung in die Innovationsbereiche der Unternehmen (vgl. *Abbildung 43*).

Dort konnten die krisenbedingt unterbeschäftigten Mitarbeiter unter anderem bei der Aufarbeitung von Altlasten unterstützend eingesetzt werden. Bei diesen sogenannten Altlasten handelt es sich um schon seit längerer Zeit geplanten Entwicklungen, die aufgrund von Kapazitätsproblemen, zu wenig Zeit und Personal, in der Vergangenheit nicht umgesetzt werden konnten. Da es sich dabei um größere Projekte von hohem Nutzen im Bereich F&E handelt und diese im Zuge der Rezession abgeschlossen werden konnten, war es nach der wirtschaftlichen Talfahrt möglich mit beachtenswerten Neuerungen aufzuwarten. Als Beispiel dient hierfür die Firma Hermle, welche in den zurückliegenden drei Jahren ein komplett neues CNC-System entwickelte.[142]

---

[140] Ergebnis von Frage 5 des Interviews
[141] Ergebnis von Frage 6.2 des Interviews (Unternehmen D)
[142] Ergebnis von Frage 6.2 des Interviews (Unternehmen B und E)

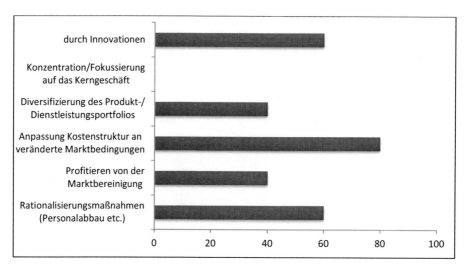

Abbildung 41: Gründe für eine gestärktes Auftreten nach der Krise (in %)
Quelle: eigene Abbildung: Ergebnis von Frage 5.1 des Interviews

Allein ein Teilnehmer nennt Gründe für ein geschwächtes Auftreten nach der Krise (*Unternehmen B*). Hierzu zählen eine starke Schmälerung der Liquiditäts-reserven und die Tatsache, dass die Gewinnmargen nachhaltig unter Druck blei-ben.[143]

Dennoch ergibt sich durch die krisenbedingt abgeänderten Marktbedingungen ein anderes Problem. Nach Angaben von *Unternehmen B* hat sich die zurückliegende Rezession mit Hilfe von Innovationen gut überstehen lassen.[144] Jedoch werden alle Entwicklungsvorhaben in solchen Zeiten immer von einer gewissen Unsicherheit begleitet. So ist es nicht selbstverständlich, dass neue Produkte auf einem veränderten Markt noch nachgefragt werden.[145]

Aufgrund der in diesem Kapitel gewonnen Erkenntnisse kommt der Autor zu dem Entschluss, dass Innovationen für die Unternehmen bei ihrem Weg aus der zurückliegenden Krise überaus hilfreich waren.

---

[143] eigene Abbildung: Ergebnis von Frage 5.2 des Interviews (Unternehmen B)
[144] Ergebnis von Frage 5.1 des Interviews (Unternehmen B)
[145] Ergebnis von Frage 6.2 des Interviews (Unternehmen B)

3.4.3.4 Innovationschancen und -hindernisse

Eine noch stärkere Innovationsaktivität wurde durch verschiedene Faktoren verhindert (vgl. *Abbildung 42*).

Dabei kristallisieren sich in erster Linie zwei Gründe heraus. Ein gesteigertes Engagement wurde zum einen durch die schlechten Finanzierungsbedingungen (60 %) und zum anderen durch den Mangel an qualifiziertem Personal (40 %) erschwert.

Dass gerade die Beschaffung von finanziellen Mitteln eine so große Hürde darstellte, lag, den Angaben der Unternehmen zufolge, an einem falschen Verhalten der Banken. Ihr Verhalten sei zu theoretisch gewesen. Dementsprechend hätten sie den Bezug zur Realwirtschaft vollkommen verloren.[146]

Weitere Hindernisse stellten die fehlende Kooperation mit externen Einrichtungen und die zeitintensive Bürokratie dar. Letzteres äußerte sich in erster Linie durch aufwendige Zulassungsverfahren und die komplizierte Beantragung von Fördergeldern.[147]

Außerdem weisen die Betriebe darauf hin, dass auch die Kurzarbeit bei Zulieferern ein, gerade in der Rezession, nicht zu vernachlässigendes Innovationshemmnis war. So wäre eine stärkere Aktivität in Bezug auf die Entwicklung neuer Produkte möglich gewesen, hätte der betroffene Lieferant eine pünktliche Bereitstellung der benötigten Ausrüstung gewährleisten können.[148]

Auch die Angst über einen, nach der Krise, drastisch veränderten Markt bremste die Unternehmen bei ihren Innovationstätigkeiten. Ein Betrieb gibt an, dass diese Verunsicherung hemmende Auswirkungen hatte.[149]

---

[146] Ergebnis von Frage 6.1 des Interviews (Unternehmen E)
[147] Ergebnis von Frage 7 des Interviews (Unternehmen E)
[148] Ergebnis von Frage 7 des Interviews (Unternehmen C)
[149] Ergebnis von Frage 6.2 des Interviews (Unternehmen B)

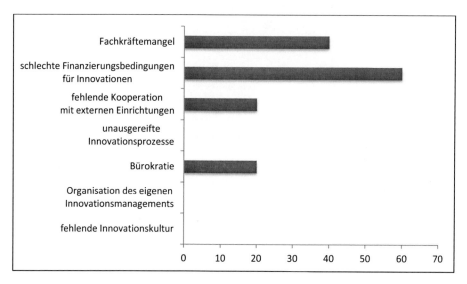

Abbildung 42: Welche Hürden haben es Ihnen erschwert in der Krise Innovationstätigkeiten aus-zuüben? (in %)
Quelle: eigene Abbildung: Ergebnis von Frage 7 des Interviews

Dass die Innovationstätigkeit durchaus auch positiv beeinflusst wurde, sieht man an den in *Abbildung 43* dargestellten Ergebnissen.

Besonders förderlich war die Nutzung von intern freiwerdenden Kapazitäten (80 %). Infolgedessen konnte Personal, welches in anderen Abteilungen aufgrund des Auftragsrückgangs nicht mehr ausgelastet gewesen war, im F&E-Bereich eingesetzt werden.

Des Weiteren konnte die Krise von zwei Probanden als Anstoß für neue Innovationsprozesse genutzt werden.

Für jeweils einen Betrieb waren eine höhere Verfügbarkeit von Fachkräften, ein kostengünstigeres Erwerben neuer Technologien sowie ein besserer Zugang zu Fördergeldern unterstützend für den Innovationsprozess.

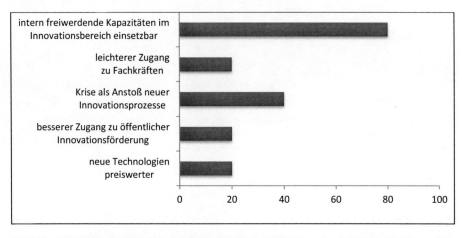

Abbildung 43: Haben bestimmte Faktoren, bedingt durch die Krise, einen positiven Einfluss auf die Innovationsfähigkeit gehabt? (in %)
Quelle: eigene Abbildung: Ergebnis von Frage 8 des Interviews

3.4.4 Nach der Rezession

Wirft man einen Blick auf die Zeit nach der Rezession, dann lassen sich verschiedene Entwicklungen feststellen. Aus den Antworten auf *Frage 4* des Interviews (vgl. *Abbildung 44*) leitet der Verfasser ab, dass alle teilnehmenden Unternehmen die konjunkturelle Regression hinter sich gelassen haben. Dies bedeutet jedoch lediglich, dass in der Wirtschaft wieder „schwarze Zahlen" geschrieben werden. Alle Auswirkungen eines solch gravierenden Einschnittes, wie er in den letzten Jahren stattgefunden hatte, werden jedoch noch ein paar Jahre zu spüren sein. Demnach wird noch einige Zeit verstreichen, bis die Betriebe das Vorkrisenniveau wieder erreichen.[150]

---

[150] Ergebnis von Frage 4 des Interviews (Unternehmen A, B, C und E)

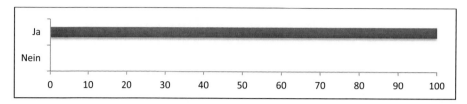

Abbildung 44: Hat Ihr Unternehmen die Finanzmarkt- und Wirtschaftskrise schon komplett hinter sich gelassen? (in %)
Quelle: eigene Abbildung: Ergebnis von Frage 4 des Interviews

Ein Indiz für den Aufschwung und eine optimistische Zukunftserwartung geben nicht zuletzt die Ergebnisse von *Frage 5*. Hier teilen vier von fünf Teilnehmern mit, gestärkt aus der Krise hervorgegangen zu sein.[151]

Betrachtet man die zukünftige Bedeutung von Innovationsaktivitäten, dann fällt auf, dass hier ein deutlicher Wertezuwachs zu verzeichnen ist (vgl. *Abbildung 36*). Einen Grund dafür liefert ein leitender Mitarbeiter von *Unternehmen B*. Er gibt die Prognose ab, dass sich die Wirtschaftswelt in den kommenden Jahren immer schneller verändern wird.[152] Deshalb werden Innovationen zukünftig immer wichtiger. Denn nur durch ständige Verbesserungen und neue Entwicklungen ist man flexibel genug, um sich an die Gegebenheiten der Zeit anzupassen. Innovationen würde nach der Krise sogar ein noch höherer Stellenwert zukommen, wenn da nicht die steigende Belastung durch das zunehmende Tagesgeschäft wäre.[153] Demzufolge müssen F&E-Projekte hinten angestellt werden.

Abschließend richtet der Autor seine Aufmerksamkeit auf die Krisenerfahrungen der Teilnehmer.

Zuerst werden die Erkenntnisse untersucht, welche bezogen auf das gesamte Unternehmen gewonnen wurden. Dabei liegt den Betrieben hauptsächlich eine gesteigerte Flexibilität des Personals am Herzen.[154] Dies gilt sowohl für eine inner-

---

[151] Ergebnis von Frage 5 des Interviews
[152] Ergebnis von Frage 11 des Interviews (Unternehmen B)
[153] Ergebnis von Frage 11 des Interviews (Unternehmen D)
[154] Ergebnis von Frage 6.1 des Interviews (Unternehmen A, B, C und E)

betriebliche Verlagerung von Kapazitäten (vgl. *Abbildung 43*), als auch für eine variabel handhabbare Kurzarbeit.

Als gutes Beispiel lässt sich ein Vergleich zwischen den *Unternehmen B* und *E* anführen. Der erstgenannte Betrieb beklagt, dass die Geschäfte aufgrund der dünnen Personaldecke, bedingt durch die Kurzarbeit, ins Stocken geraten sind. Demgegenüber steht eine komplett andere Sichtweise von *Unternehmen E*. Hier nahm man die Kurzarbeit als Chance wahr. Dies ist jedoch nur aufgrund einer flexiblen Auslegung möglich gewesen. Bei unerwarteten Auftragseingängen wurde das „kurzarbeitende" Personal spontan an den Arbeitsplatz beordert, um die Kundenbestellungen schnellstmöglich abzuarbeiten. Somit konnte ein nahezu reibungsloser Arbeitsablauf, auch während der Rezession, gewährleistet werden.[155]

Eine weitere bedeutende Erfahrung haben die Unternehmen hinsichtlich des Investitionsverhaltens gemacht. Wenn es der Wirtschaft schlecht geht, werden die Ausgaben meistens auf ein Minimum zurückgefahren. Dies geschieht oft nur, weil viele Firmen verunsichert sind und ängstlich in die Zukunft blicken. Würde jeder Betrieb wie gewohnt weiter investieren, so könnte ein allzu heftiger Einbruch der Konjunktur verhindert werden.[156]

Darüber hinaus hat der Kapitaleinsatz in der Rezession einen zusätzlichen elementaren Nutzen. Denn nur so kann man sich auf einen neuerlichen Aufschwung bestmöglich vorbereiten und optimal von ihm profitieren.[157]

Außerdem ist den Gesprächen zu entnehmen, dass sich Investitionen in der Zukunft immer schneller rechnen müssen. Als Grund dafür wird die ständig abnehmende Planbarkeit angegeben.[158]

Ausgaben wurden gerade in der vergangenen Wirtschaftskrise nicht nur aufgrund von Unsicherheit und Ängsten, sondern auch wegen einem unpassenden Verhalten der Banken zurückgehalten. Den Angaben von *Unternehmen E* zufolge haben die Kreditinstitute zu theoretisch und ohne jeglichen Bezug zur Realwirtschaft

---

[155] Ergebnis von Frage 6.1 des Interviews (Unternehmen B und E)
[156] Ergebnis von Frage 6.1 des Interviews (Unternehmen E)
[157] Ergebnis von Frage 6.1 des Interviews (Unternehmen E)
[158] Ergebnis von Frage 6.1 des Interviews (Unternehmen C)

gehandelt. Deshalb ist es sinnvoll für die kommende Zeit auf eine Stärkung der Eigenkapitalbasis zu setzen.[159]

Abschließend befasst sich der Autor mit den Entwicklungen im Innovationsmanagement. Im Hinblick auf diesen Bereich gelangten die Betriebe zu der Erkenntnis, dass es von immenser Bedeutung ist, neue Produkte immer schneller an den Markt zu bringen (vgl. *Abbildung* 38). Dieses sogenannte *Time-to-Market* muss ständig optimiert werden. Auf diese Weise können gegenüber den Wettbewerbern entscheidende Vorteile erzielt werden.[160]

Ein grundlegender Lernerfolg wurde in Bezug auf die Auswahl der zu bearbeitenden Innovationsprojekte erzielt. Wie bereits in *Kapitel 3.4.3.3* erwähnt, sollten, speziell in auftragsarmen Zeiten, diejenigen Entwicklungen angepackt werden, welche schon längst geplant sind, jedoch wegen einem Mangel an verfügbaren Kapazitäten bisher noch nicht umgesetzt werden konnten. In wirtschaftlich schlechten Perioden werden für gewöhnlich innerbetriebliche Kräfte aufgrund der schrumpfenden Auftragslage frei. Diese können für solche Großprojekte eingesetzt werden.[161]

Des Weiteren gelangen die Unternehmen zu der Erkenntnis, dass Innovationen in der vergangenen Krise einen positiven Effekt auf die Beschäftigung hatten. So konnte Personal, welches kurzfristig keine Arbeit mehr hatte, in den Entwicklungsabteilungen eingesetzt werden, um dort unterstützend mitzuwirken.[162]

---

[159] Ergebnis von Frage 6.1 des Interviews (Unternehmen A und E)
[160] Ergebnis von Frage 6.2 des Interviews (Unternehmen D)
[161] Ergebnis von Frage 6.2 des Interviews (Unternehmen B und E)
[162] Ergebnis von Frage 6.2 des Interviews (Unternehmen B und D)

3.5 Zwischenfazit II

In diesem Abschnitt werden die Ergebnisse der empirischen Untersuchung (vgl. *Kapitel 3.4*) zusammengefasst. Diese wurden bereits in dem genannten Abschnitt durch die Angabe von Quellen hinreichend belegt und sind hier somit entbehrlich.

Durch die Umfrage kommt der Verfasser zu dem Entschluss, dass die Betriebe hart von der Krise getroffen wurden. Dies äußerte sich in Form von Umsatz- und auch Beschäftigungsrückgängen. Interessant ist hierbei, dass im Innovationsmanagement die Beschäftigung leicht zugenommen hat. Vor allem durch betriebsinterne Personalverlagerungen, speziell in die F&E-Abteilungen, konnte ein noch massiverer Stellenabbau vermieden werden.

Im Zuge der vergangenen Wirtschaftskrise erhöhte sich die Wertschätzung für Innovationen leicht. Dies spiegelt sich zum einen in den gesteigerten Ausgaben in diesem Bereich und zum anderen in einer erhöhten Innovationsaktivität wider. Faktoren durch welche diese Anstrengungen erhöht wurden, waren in erster Linie eine verstärkte Kooperation, sowohl mit Kunden und Lieferanten als auch mit externen Einrichtungen, eine schnellere Markteinführung von Produkten sowie der Einsatz von zusätzlichem Personal. Ein weiteres Indiz für das gesteigerte Engagement ist die Tatsache, dass in den letzten drei Jahren, in nahezu allen Unternehmen, neue Produkte eingeführt wurden. Im Schnitt handelte es sich dabei um beachtliche sieben Neuerungen pro Betrieb.
Trotz alldem reichte die Bedeutung des Innovationsmanagement in der Krise nicht an andere Managementaufgaben, wie Kosten- oder Risikomanagement heran.

Möglicherweise hätten die Innovationsanstrengungen noch weiter ausgeweitet werden können. Jedoch verhinderten dies verschiedene Hürden. In diesem Zusammenhang müssen vor allem die schlechten Finanzierungsbedingungen genannt werden – ausgelöst unter anderem durch ein kontraproduktives Verhalten der Banken. Des Weiteren erschwerte ein Mangel an Fachkräften die Forschung und Entwicklung.

Die zurückliegende Rezession hatte hinsichtlich der Innovationsprozesse aber auch positive Effekte. So war es durch die krisenbedingt abnehmende Auftragslast möglich, unbeschäftigte Mitarbeiter für die Entwicklung neuer Produkte zu nutzen. Dadurch konnten negativerer Effekte des innovationshemmenden Fachkräftemangels vermieden werden.

Dass Neuentwicklungen bei der Krisenbewältigung den Unternehmen geholfen haben, lässt sich zum einen mit dem positiven Effekt auf die Beschäftigung, verursacht durch die innerbetriebliche Umschichtung von Kapazitäten, begründe. Zum anderen waren sie eine der Hauptursachen dafür, dass die teilnehmenden Firmen angegeben haben, gestärkt aus der Rezession hervorgegangen zu sein.

Für die Phase nach der wirtschaftlichen Regression waren die Interviewpartner recht optimistisch. Der Verfasser begründet diesen Zustand hauptsächlich mit den positiven Einflüssen von Innovationen. Außerdem spielten die sich wieder füllenden Auftragsbüchern und die Tatsache, dass in den Betrieben wieder „schwarze Zahlen" geschrieben werden, eine gewichtige Rolle. Nichtsdestotrotz sind die Auswirkungen des konjunkturellen Abschwungs voraussichtlich noch ein paar Jahre zu spüren.

Damit die Unternehmen im Falle einer erneuten Wirtschaftskrise besser mit der Ausnahmesituation klarkommen werden, sollten die gemachten Erfahrungen genutzt werden. Dazu zählt die Feststellung, dass in schwierigen Phasen unbedingt investiert werden muss. In erster Linie empfiehlt es sich, schon lang geplante, grundlegende Entwicklungsprojekte, welche aus Mangel an Kapazitäten bisher nicht gestemmt werden konnten, anzupacken.

Von großer Bedeutung ist für die Betriebe die Erkenntnis, dass eine gesteigerte Flexibilität, infolge der sich immer schneller ändernden Wirtschaftswelt, für eine positive Geschäftsentwicklung entscheidend ist. Im Hinblick darauf sind die Entwicklung neuer Produkte und Prozesse sowie deren möglichst rasche Markteinführung elementar. Nur so kann man sich schnellstmöglich an neue Gegebenheiten anpassen.

4 Schlussfolgerung

In diesem Kapitel vergleicht der Verfasser die Ergebnisse der empirischen Untersuchung (vgl. *Zwischenfazit II*) mit den durch eine Fachliteraturrecherche angestellten Vermutungen (vgl. *Zwischenfazit I*). Die hier erwähnten Resultate wurden bereits in den *Kapiteln 2* und *3* mit Quellenangaben belegt.

Diese Gegenüberstellung bestätigt die These, dass nahezu alle Unternehmen stark betroffen waren. Dies äußerte sich in Form von starken Umsatz- und Beschäftigungsrückgängen. Dass ein übermäßiger Stellenabbau vermieden werden konnte, liegt indirekt, wie vermutet, an dem Bestreben Fachkräfte so lange wie nur möglich zu halten. Den Hauptgrund sieht der Autor in der unternehmensinternen Umschichtung von Kapazitäten, vor allem zur Unterstützung der Forschungs- und Entwicklungsarbeit.

Die hohe Wertschätzung von Innovationen, gerade in der vergangenen Wirtschaftskrise, sieht der Verfasser als erwiesen an. Eine Begründung dafür ist sicherlich die Erhöhung der Ausgaben für Neuentwicklungen. Zum dem Entschluss, dass Investitionen besonders in schlechten Konjunkturperioden elementar sind, kommt der Verfasser durch die Auswertung der Umfrageergebnisse. Vor allem schon länger geplante Entwicklungsprojekte, welche aufgrund ihres Umfangs und aus Mangel an Kapazitäten bisher nicht gestemmt werden konnten, müssen demnach angepackt werden. Durch sie ist es möglich nach der Krise mit grundlegenden Neuheiten aufzuwarten und somit einen entscheidenden Wettbewerbsvorteil gegenüber der Konkurrenz zu erzielen.
Ein stärkeres Engagement in diesem Bereich, welches sich in Folge der Literaturrecherche feststellen lässt, kann durch die empirischen Nachforschungen bestätigt werden. Diese gesteigerte Innovationsaktivität äußerte sich vorzugsweise durch eine schnellere Markteinführung von Produkten.

Eine stärkere Ausweitung der Innovationsbemühungen wurde durch verschiedene Hürden verhindert. Sowohl die Analyse der Studien (vgl. *Kapitel 2*) als auch die Befragung der Unternehmen (vgl. *Kapitel 3*) identifizierten die mangelnde Verfügbarkeit von Finanzierungsmöglichkeiten als größtes Hemmnis.

Das Problem des Fachkräftemangels konnte durch die Umschichtung von krisenbedingt freigewordenen Kapazitäten innerhalb des jeweiligen Betriebs geschmälert werden.

Dass Innovationen die Unternehmen auf ihrem Weg aus der Rezession sinnvoll unterstützten, bestätigen zum einen die Ergebnisse der Regressionsanalyse, wonach Neuentwicklungen ein positiver Effekt auf Umsatz und Beschäftigung nachzuweisen ist. Zum anderen untermauern die Ergebnisse des Interviews diese Aussage. Demzufolge waren Innovationen einer der Hauptgründe für ein gestärktes Auftreten nach der Krise.

Für die Zukunft wird die Entwicklung von neuen Produkten und Prozessen als außerordentlich wichtig erachtet. Diese Erkenntnis haben die Betriebe aus der zurückliegenden Rezession gewonnen. Denn nur durch eine gesteigerte Flexibilität sowie durch ständige Neuerungen und Verbesserungen lässt sich mit der sich immer schneller ändernden Wirtschaftswelt Schritt halten.

Anhand der hier dargestellten Ergebnisse entschließt sich der Verfasser dazu, die Hypothese, dass Innovationen zur Krisenbewältigung für Unternehmen am Standort Deutschland geeignet sind, als verifiziert und somit allgemein gültig anzusehen.

5 Ausblick

Für weitere Untersuchung bieten sich diverse neue Ansatzpunkte. Interessant wäre es zum Beispiel die Analysen nicht nur auf die zurückliegende Wirtschaftskrise zu beschränken, sondern auch weitere konjunkturelle Regressionen der Vergangenheit miteinzubeziehen.

Des Weiteren bietet es sich gerade in Zeiten wachsender Internationalisierung an, das Thema dieser Arbeit nicht nur auf den Standort Deutschland zu beschränken, sondern alles in einem globalen Kontext zu sehen. So könnte erforscht werden, welche Funktionen Innovationen in anderen Ländern und auf anderen Kontinenten bei der Krisenbewältigung zukommen. Solch eine räumliche Betrachtung muss jedoch nicht zwingend die ganze Welt umspannen. Sie kann sich auch lediglich auf einzelne deutsche Regionen, wie zum Beispiel die verschiedenen Bundesländer, beziehen.

Aufschlussreich würde sich zudem eine Analyse hinsichtlich einer Unterscheidung nach Größenklassen der Betriebe gestalten. So wäre es möglich sich entweder rein auf KMU zu konzentrieren oder einen Vergleich zwischen mittelständischen und großen Unternehmen anzustreben.

Außerdem empfiehlt es sich zu untersuchen, durch welche Faktoren eine gesteigerte Innovationstätigkeit in der Rezession möglich gewesen wäre und auf welche Weise man Neuentwicklungen einen noch größeren Nutzen hätte abgewinnen können. Dabei sollte unter anderem ein Auge auf die Innovationshemmnisse, im Speziellen auf das Thema Innovationsfinanzierung, geworfen werden. Eine Fokussierung auf die Finanzierung wäre von Vorteil, da sie sich als Haupthindernis für stärkere Anstrengungen im F&E-Bereich herauskristallisierte.

Ein weiterer Vorschlag des Autors besteht darin, diese Arbeit durch eine Zukunftsprognose zu erweitern. Dabei soll dann erörtert werden, welche weltwirtschaftlichen Auswirkungen zum Beispiel die Erdbebenkatastrophe in Japan hat. Ebenso könnte auch auf ein mögliches Abdrehen des Ölhahns von Seiten Libyens und den daraus resultierenden Folgen Bezug genommen werden.

Nach Meinung des Verfassers ist darüber hinaus eine zusätzliche Thematik reizvoll. So könnte man in einer ergänzenden Ausarbeitung, noch ausführlicher als im Rahmen dieser Arbeit bereits geschehen, untersuchen, was passieren würde, wenn es zu einer erneuten weltweiten Wirtschaftskrise käme. Mit Hilfe eines Fragebogens wäre es möglich zu identifizieren, was die Unternehmen alles aus der vergangenen Rezession gelernt haben und wie sie auf einen neuerlichen konjunkturellen Abschwung reagieren würden.

Literatur

Adam, S. B., Bernard, M. v., & Gijs, v. (2010, February). A parametric analyses of prospect theory´s functionals for the gerneral population. *Theoy and Decision*(68), pp. 115-148.

Atteslander, P., & Cromm, J. (2003). *Methoden der empirischen Sozialforschung.* Berlin: Walter de Gruyter GmbH & Co. KG.

Bauer, R. A. (1960). Consumer Behavior as Risk Taking, in: Hancock, R. *Hancock, R. (Hrsg.): Proceedings of the 43th Conference of the American Marketing,* pp. 389-398.

Bauer, R. A. (1967). Risk Taking and Information Handling in Consumer Behaviour. *Consumer Behaviour as Risk Taking, in: Cox, D. F.,* pp. 23-33.

Both, Paul. (1993). *Umweltorientierte Innovationspolitik.* o.O.: Institut für Orts- ,Regional und Landesplanung.

Bresser, R., Krell, G., & Schreyögg, G. (2003). *Kann die Wissenspirale Grundlage des Wissensmanagements sein?* (#20/03 ed.). Berlin: Freie Universität Berlin.

Brockhaus GmbH. (2005-06). *Brockhaus - Die Enzyklopädie.* Leipniz - Mannheim: F.A. Brockhaus GmbH.

Brost, M. (Oktober 2009). *Zeit Online.* Retrieved Januar 6, 2011, from http://www.zeit.de: http://www.zeit.de/2009/45/Merkel-Wachstum?page=3

Churchill, G. A., & Iacobucci, D. (2005). *Marketing research: methodological foundations* (9 Edition ed.). o.O.: South-Western College Pub.

Cox, D. F. (1967). Risk Handling is Information Handling. *Cox, D.F. (Hrsg.): Risk Taking and Information Handling in Consumer Behavior,* pp. S.411-419.

Cunningham, S. (1967). The Major Dimensions of Perceived Risk. *Cox, D.F. (Hrsg.): Risk Taking and Information Handling in Consumer Behaviour,* pp. 82-108.

Damanpour, F. (1991). *Organizational innovation: A meta-analysis of effects of determinants and moderators.* Academy of Management Journal 34(5).

Deutscher Industrie- und Handelskammertag. (2009). *Innovationsverhalten deutscher Unternehmen in der Krise - erstaunlich offensiv.* Berlin.

Deutscher Industrie- und Handelskammertag. (2010). *DIHK-Innovationsreport 2010 - Innovationsdynamik deutscher Unternehmen wächst - Forscher und Fachkräfte dringend gesucht!* Berlin.

Doppler, K., Fuhrmann, H., Lebbe-Waschke, B., & Voigt, B. (2002). *Unternehmenswandel gegen Widerstände - Change Management mit den Menschen.* Fankfurt / Main: Campus Verlag GmbH.

Eckstein, P. P. (2010). *Statistik für Wirtschaftswissenschaftler* (2. Auflage ed.). Wiesbaden: Gabler Verlag.

Ellen, P. S., Bearden, W. O., & Sharma, S. (1991). *Resistance to Technological Innovations - An Examination of the Role of Self-Efficacy and Performance Satisfaction* (Vol. 19). Ruston: Journal of the Academy of Marketing Science.

F.A.Z. Institut. (2009). *Innovationsbarometer.* Frankfurt am Main.

Feess, P. E. (n.d.). *Wirtschaftslexikon.* (Gabler Verlag) Retrieved November 16, 2010

Foster, R. N. (1986). *Innovation: The Attacker's Advantage.* New York.

Frese, A. (Juli 2009). *Zeit Online.* Retrieved Januar 3, 2011, from http://www.zeit.de: http://www.zeit.de/online/2009/31/maschinenbau-krise

Frost, P. D. (2010). *Gabler Wirtschaftslexikon.* (Gabler Verlag | Springer Fachmedien Wiesbaden GmbH) Retrieved 12 28, 2010, from http://wirtschaftslexikon.gabler.de/Archiv/55427/wissensmanagement-v6.html

Götze, F. (2011). *Innovationsakzeptanz von Smartphones.* Wiesbaden: Gabler Verlag.

Granig, P. (2007). *Innovationsbewertung.* Wiesbaden: Deutscher Universitäts-Verlag | GWV Fachverlag GmbH.

Griffin, R. W. (2010). *Fundamentals of Management* (5. Auflage ed.). Houghton Mifflin Company.

Haber, T. E. (2008). *Resistenz gegenüber Innovationen.* Wiesbaden: Gabler Verlag.

Hauschildt, J., & Salomo, S. (2010). *Innovationsmanagement* (5. Auflage ed.). München: Franz Vahlen GmbH.

Havenstein, M. (2004). *Ingredient Branding*. Wiesbaden: Deutscher Universitäts-Verlag GmbH.

Heider, F. (1958). *The Psychology of Interpersonal Relations*. New York: Lawrence Erlbaum Associates, Inc.

Helbig, T., & Prof.Dr. Mockenhaupt, A. (2009). *Innovationsmanagement im technischen Vertrieb*. Lohmar - Köln: Josef Eul Verlag GmbH.

Immes, S. (1993). *Wahrgenommenes Risiko bei der industriellen Kaufentscheidung*. Trier: o.V.

Institut für Mittelstandsforschung Bonn. (2009). *BDI-Mittelstandspanel 2009 - Ergebnisse der Mittelstandsbefragung aus Frühjahr und Herbst 2009*. Bonn.

Institut für Mittelstandsforschung Bonn. (Frühjahr 2009). *BDI-Mittelstandspanel*. Bonn.

Institut für Mittelstandsforschung Bonn. (Frühjahr 2010). *BDI-Mittelstandspanel*. Bonn.

Institut für Mittelstandsforschung Bonn. (Herbst 2009). *BDI-Mittelstandspanel*. Bonn.

Institut für Mittelstandsforschung Bonn. (Herbst 2010). *BDI-Mittelstandspanel*. Bonn.

KfW Bankengruppe. (2010). *KfW-Mittelstandspanel 2010*. Frankfurt am Main.

Klodt, P. (n.d.). *Wirtschaftslexikon*. (Gabler Verlag) Retrieved November 11, 2010, from http://wirtschaftslexikon.gabler.de/Definition/produktinnovation

Kroeber-Riel, W., Weinberg, P., & Gröppel-Klein, A. (2003). *Konsumentenverhalten*. München: Vahlen Verlag.

Krubasik, E. G. (1982). Strategische Waffe. *Wirtschaftswoche*(Nr. 25), pp. S.28-33.

Kuß, A. (2007). *Marktforschung - Grundlagen der Datenerhebung und Datenanalyse* (2. Auflage ed.). Wiesbaden: Betriebswirtschaftlicher Verlag Dr.Th. Gabler | GWV Fachverlage GmbH.

Langer, D. W. (2000). *Soziologie Uni Halle*. Retrieved November 25, 2010, from http://www.soziologie.uni-halle.de/langer/pdf/meth1/beobach2.pdf

Macharzina, K., & Wolf, J. (2008). *Unternehmensführung* (6. Auflage ed.). Wiesbaden: Gabler l GWV Fachverlage GmbH.

Mockenhaupt, P. D. (2010). Technisches Vertriebsmanagement. Hochschule Albstadt-Sigmaringen.

Moritz, A., & Rimbach, F. (2006). *Soft Skills*. Retrieved November 22, 2010, from http://www.soft-skills.com/fuehrungskompetenz/systemischesdenken/systemtheorie.php

Müller, B. (2009). *Wissen managen in formal organisierten Sozialsystemen - Der Einfluss von Erwartungsstrukturen auf die Wissensretention aus systemtheoretischer Perspektive* . Wiesbaden : Gabler | GWV Fachverlage GmbH.

Nonaka, I., & Takeuchi, H. (1991). The Knowledge-Creating company. *Harvard Business Review 69(6)*, pp. 96-104.

Nonaka, I., & Takeuchi, H. (1995). *The knowledge-creating company: How Japanes Companies Create the Dynamics of Innovation.* New York: Oxfort University Press.

Nonaka, I., & Toyama, R. (2003). *The knowledge-creating theory revesited: knowledge creation as a synthesizing process.* Ishikawa: Palgrave Macmillan Ltd.

Osgood, C. E., & Tannenbaum, P. H. (1955). The Principle of Congruity in the Prediction of Attitude Change. *Psychological Review*(62).

Paier, D. (2010). *Quantitative Sozialforschung: Eine Einführung.* Wien: Facultas Verlags- und Buchhandels AG.

Peter, J. P., & Olson, J. C. (1994). *Consumer Bahvior.* Burr Brigde.

Piot, M. (2006, 10 01). *Bundesamt für Energie.* Retrieved 01 12, 2010, from http://www.bfe.admin.ch/php/modules/publikationen/stream.php?extlang= de&name=de_156852090.pdf

Raisch, S., Probst, G., & Gomez, P. (2010). *Wachstum planen: Strategien für nachhaltige profitables Wachstum* (2. Auflage ed.). Wiesbaden: Gabler Verlag.

Ram, S. (1989). Successful Innovation Using Strategies to Reduce Consumer Resistance. An Empirical Test. *Journal of Product Innovation Management*(1), pp. 20-34.

Reuters. (März 2010). *Zeit Online.* Retrieved Januar 5, 2011, from http://www.zeit.de: http://www.zeit.de/wirtschaft/2010-03/insolvenzen-krisenjahr-deutschland-3

Rogers, E. M. (2003). *Diffusion of Innovations.* New York: Free Press.

Skulschus, M., & Wiederstein, M. (2009). *Grundlagen empirische Sozialforschung: Befragung und Fragebogen im Unternehmen.* Essen: Comelio GmbH.

Vahs, D., & Burmester, R. (1999, März 10). *Innovationsmanagement.* Stuttgart: Schäfer Poeschel Verlag.

Verband der Automobilindustrie e.V. (2003). *Erfolgreich umsetzen - Zielsteuerung und Soft Facts* (Vol. 11). Oberursel: VDA.

Voigt, K. I. (2008). *Industrielles Management.* Berlin / Heidelberg: Springer Verlag.

Wagner, K. W., & Patzak, G. (2007). *Performance Excellence.* München: Carl Hanser Verlag.

Zayer, E. (2007). *Verspätete Projektabbrüche in F&E.* Wiesbaden: Deutscher Universitäts-Verlag | GWV Fachverlage GmbH.

ZEW Mannheim. (2010). *Innovationsverhalten der deutschen Wirtschaft 2009.* Mannheim.

Zollenkop, M. (2006). *Geschäftsmodellinnovation.* Wiesbaden: Deutscher Universitäts-Verlag | GWV Fachverlage GmbH.